한치호 목사 묵상기도 • 이영란 집사 캘리

성령님께 충만
읽는기도 70일

문서사역
|종|려|가|지|

성령님께 충만 읽는기도 70일

차 례

1. 요 14:26(상), 여는 간구 _ 4
2. 행 1:4(하), 약속하신 것을 기다리라 _ 6
3. 행 1:8(상), 너희가 권능을 받고 _ 8
4. 행 2:3, 불의 혀처럼 갈라지는 _ 10
5. 눅 11:13(하), 구하는 자에게 성령을 _ 12
6. 롬 8:16(하), 하나님의 자녀인 것을 _ 14
7. 고전 2:10, 성령으로 이것을 보이셨으니 _ 16
8. 행 2:14(하), 내 말에 귀를 기울이라 _ 18
9. 행 4:13(상), 담대하게 말함을 보고 _ 20
10. 행 5:41, 그 이름을 위하여 _ 22
11. 요 14:12(하), 그보다 큰일도 하리니 _ 24
12. 사 55:12(하), 손뼉을 칠 것이며 _ 26
13. 롬 8:9(상), 하나님의 영이 거하시면 _ 28
14. 갈 5:16, 성령을 따라 행하라 _ 30
15. 갈 5:22-23(상), 오직 성령의 열매는 _ 32
16. 롬 6:16(상), 자신을 종으로 내주어 _ 34
17. 요 3:8(상), 임의로 역사하시는 성령님 _ 36
18. 롬 8:26(상), 연약함을 도우시나니 _ 38
19. 고전 2:14(하), 영적으로 분별 _ 40
20. 골 2:7, 믿음에 굳게 서서 _ 42
21. 요 16:22(하), 마음이 기쁠 것이요 _ 44
22. 고전 6:20, 값으로 산 것이 되었으니 _ 46
23. 행 8:29, 성령이 빌립더러 이르시되 _ 48
24. 엡 5:17, 주의 뜻을 이해하라 _ 50
25. 엡 5:18, 오직 성령으로 충만함을 _ 52
26. 갈 5:24, 십자가에 못 박았느니라 _ 54
27. 요 15:5(상), 그가 내 안에 _ 56
28. 골 1:11, 그의 영광의 힘을 따라 _ 58
29. 롬 8:14, 곧 하나님의 아들이라 _ 60
30. 요 14:26, 모든 것을 가르치고 _ 62
31. 골 3:16(상), 피차 가르치며 권면하고 _ 64
32. 엡 5:19, 주께 노래하며 찬송하며 _ 66
33. 골 3:17, 그를 힘입어 감사하라 _ 68
34. 엡 5:21, 피차 복종하라 _ 70
35. 행 3:6, 내게 있는 이것을 네게 _ 72
36. 마 6:8(하), 너희 아버지께서 아시느니라 _ 74

37. **행 5:39**, 하나님께로부터 났으면 _ 76

38. **고전 12:11**, 한 성령이 행하사 _ 78

39. **사 55:8**, 내 생각이, 내 길은 _ 80

40. **고전 2:10**, 하나님의 깊은 것까지도 _ 82

41. **요 16:13(상)**, 모든 진리 가운데로 _ 84

42. **요 14:26(하)**, 모든 것을 생각나게 _ 86

43. **고전 2:4**, 성령의 나타나심과 능력으로 _ 88

44. **고전 2:12(하)**, 은혜로 주신 것들을 _ 90

45. **엡 5:3**, 음행과 더러운 것과 탐욕은 _ 92

46. **엡 5:4**, 마땅치 아니하니 _ 94

47. **엡 5:15**, 오직 지혜 있는 자 _ 96

48. **행 6:3**, 칭찬 받는 사람 일곱 _ 98

49. **행 6:8**, 큰 기사와 표적을 _ 100

50. **행 7:55**, 하늘을 우러러 주목하여 _ 102

51. **롬 8:29(상)**, 그 아들의 형상을 본받게 _ 104

52. **왕상 19:13(하)**, 소리가 그에게 임하여 _ 106

53. **행 20:22**, 이제 나는 성령에 매여 _ 108

54. **행 27:22**, 이제는 안심하라 _ 110

55. **고후 12:9(상)**, "네게 족하도다" _ 112

56. **마 20:34**, 불쌍히 여기사 _ 114

57. **요 14:16**, 또 다른 보혜사를 _ 116

58. **요 16:13(상)**, 진리 가운데로 인도 _ 118

59. **행 2:14**, 서서 소리를 높여 _ 120

60. **행 2:33**, 성령을 아버지께 받아서 _ 122

61. **롬 1:16(상)**, 믿는 자에게 구원을 _ 124

62. **엡 1:13**, 듣고 그 안에서 믿어 _ 126

63. **행 13:52**, 기쁨과 성령이 _ 128

64. **살전 1:8(하)**, 너희 믿음의 소문이 _ 130

65. **딛 2:7**, 선한 일의 본을 보이며 _ 132

66. **요 8:34**, 죄를 거절하라 _ 134

67. **계 14:4(상)**, 어린양이 어디로 인도하든지 _ 136

68. **요 10:27**, 내 음성을 들으며 _ 138

69. **롬 12:11**, 열심을 품고 주를 섬김 _ 140

70. **빌 3:12(하)**, 그것을 잡으려고 _ 142

요 14:26(상)

보혜사 곧 아버지께서

내 이름으로 보내실 성령

그가 너희에게

모든 것을 가르치고

Calligraphy design by Butnori

1. 여는 간구

하나님 아버지,

주님께서는 얼마 후에, 제자들의 곁을 떠나실 것이지만 그들에게 '또 다른 보혜사'가 오실 것을 약속하여 위로해 주셨다고 생각합니다. '또 다른 보혜사'는 하나님께서 예수님의 이름으로 보내주실 성령이었음을 믿습니다. 예수의 영, 아들의 영이시지요.

과연, 성령님께서 오셔서 예루살렘 교회를 든든하게 하셨다고 깨닫습니다. 제자들을 주님께 속한 사람으로 담대하게 하셨고, 교회와 자신들을 핍박하는 유대인들에게 복음을 전한 줄로 믿습니다. 성령님의 충만은 제자들에게 순교의 증인이 되게 하셨지요.

성령님께 충만하기를 원합니다. 오셔서 저를 위로해 주시고, 주님께 제자로서 조금의 부족함도 없이 세상 속으로 들어가도록 이끌어 주실 성령님이신 줄로 믿습니다.

저와 함께 하시며, 때에 따라서는 대답할 말도 저의 입에 넣어주실 것을 확신합니다.

만일, 제가 성령님과의 동행에 게으르다면 하늘의 신비한 역사를 모르고 지내겠지요. 성령님께 민감하지 못하다면 하늘 아버지의 자녀로서 비극이리라 깨닫습니다. 그만큼 보혜사에게 감격하지 못하겠지요. 저에게 성령님의 가르치심을 누리게 하시옵소서.

예수님의 이름으로 기도드립니다. 아멘.

|

행 1:4(하)

예루살렘을 떠나지 말고

내게서 들은 바 아버지께서

약속하신 것을 기다리라

Calligraphy design by Butnori

2. 약속하신 것을 기다리라

하나님 아버지,
예루살렘 교회를 세워 주시려고 제자들에게 "아버지께서 약속하신 것을 기다리라."고 하신 주님을 생각합니다. 제자들을 이 땅에 남겨 두시면서 그들을 고아처럼 내버려 두지 않으시려고 성령님께서 오실 것을 기다리게 하신 줄로 믿습니다.
공생애 시간에 주님께서 제자들과 동행해 주셨던 것처럼 성령님께서 오시면 그들과 함께 지내주실 것을 기대하게 하셨다고 깨닫습니다.
그리고 성령님께서 임재하심으로 비로소 그들이 교회의 공동체로 세워지게 하시니 감격스럽습니다.
저는 주님의 교회로 세워져야 한다고 확신합니다. 제가 여기에서 살아가는 날 동안에, 주님의 교회가 되기를 원합니다.
저에게도 "아버지께서 약속하신 것을 기다리게" 하시옵소서. 성령님께서 오셔서 저에게 충만해 주시옵소서.
성령님께서 함께 하시면 저의 생각과 마음을 새롭게 하시리라 확신합니다. 옛 사람이 변하여 새 사람이 되는 것이 아니라 하늘로부터 새 사람이 저에게 들어오실 겁니다. 새 영을 받아 새 인격으로 지내게 하시옵소서.

예수님의 이름으로 기도드립니다. 아멘.

|

행 1:8(상)

오직 성령이

너희에게 임하시면

너희가 권능을 받고

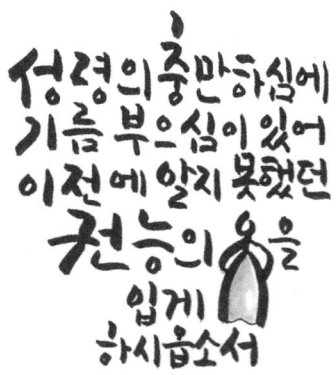

Calligraphy design by Butnori

3. 너희가 권능을 받고

하나님 아버지,
제자들에게 성령님의 충만한 임재가 이루어지면 그들에게 권능을 받음이 나타난다고 주님께서 약속하신 것을 생각합니다. 성령님으로 말미암아 그들이 권능의 사람이 되게 된다는 약속인 줄로 믿습니다. 그 권능은 본래 주님의 것이었지요.
성령님의 임재로 나타나는 권능은 사도들에게 교회를 세우도록 하고, 주님의 일을 하도록 하셨다고 믿습니다. 성령님께 충만하게 된 제자들의 결과로 보여 지는 것은 권능을 받음이라고 깨닫습니다. 그것은 사도들이 처음으로 경험해보는 은총이었지요.
과연, 오순절에 성령님의 강림은 사도들에게 하늘의 권능이라는 옷을 입게 하였다고 깨닫습니다. 그 권능은 다락방에 모이는 것에 두려움이 없도록 해주었고, 주님의 증인이 되도록 한 줄로 믿습니다. 그들은 핍박하는 유대인들에게 얼마나 담대했는지요!
사도들은 오순절 날에, 성령님의 강림으로 기름 부으심을 받았다고 확신합니다. 그 기름 부으심이 저에게도 체험되기를 원합니다. 성령님의 충만하심에 기름 부으심이 있어 이전에 알지 못했던 권능의 옷을 입게 하시옵소서. 권능을 행사하게 하시옵소서. 이로써 제자 된 사명으로 하나님을 섬기게 하시옵소서.

예수님의 이름으로 기도드립니다. 아멘.

|

행 2:3

마치 불의 혀처럼

갈라지는 것들이

그들에게 보여 각 사람 위에

하나씩 임하여 있더니

그들의 입에
새로운 말을
주신줄로
믿습니다

Calligraphy design by Butnori

4. 불의 혀처럼 갈라지는

하나님 아버지,

주님의 당부에 따라 제자들은 늘 주님과 함께 있던 다락방에 모여 "마음을 같이하여 오로지 기도에 힘쓰더라."고 기록된 것을 생각합니다.

아버지께서 약속하신 것을 기다리라던 그들에게 10일째가 되는 날, 성령님께서 임하신 줄로 믿습니다.

주님께서는 지상에 계실 때, 말씀하신 것을 단 한 마디도 지키지 않으신 적이 없으셨는데, 약속하셨던 대로 성령님이 오셨습니다. 홀연히 하늘로부터 급하고 강한 바람 같은 소리가 있어 그들이 앉은 온 집에 가득해졌다고 하였습니다.

그때, 불의 혀처럼 갈라지는 것들이 각 사람 위에 하나씩 임하더니, 사도들이 다른 언어들로 말하기를 시작했다고 하였습니다.

그들의 입에 새로운 말을 주신 줄로 믿습니다. 불의 혀처럼 갈라지는 것이 임하는 신비한 체험을 주심에 감격스럽습니다. 그들에게 성령의 말하게 하심도 처음으로 경험해보는 사건이었고요.

오오, 저에게도 간절함을 주시옵소서. 성령님의 충만하심으로 저의 몸에서 변화를 경험하고, 신비한 체험을 하게 하시옵소서. 불의 혀처럼 갈라짐이 있을 때까지 일어나지 않게 하시옵소서.

예수님의 이름으로 기도드립니다. 아멘.

|

눅 11:13(하)

하물며 너희 하늘 아버지께서

구하는 자에게

성령을 주시지

않겠느냐 하시니라

Calligraphy design by Butnori

5. 구하는 자에게 성령을

하나님 아버지,
주님의 제자들이 성령님의 임재에 충만했다면 "구하는 자에게 성령을 주시지 않겠느냐"는 말씀으로 성령님을 구해야 한다고 생각합니다.
제자들이 새롭게 되었듯이 제가 하늘 아버지의 백성이 새로워져야 한다는 것이 하나님의 뜻이라고 믿습니다.
주님과 동행하던 그 모습의 제자들로서는 교회가 세워질 수 없어서 성령님께 충만하게 하셨다고 깨닫습니다. 지금, 저에게 요구되는 것이 성령님께서 함께 해주신다는 확신인 줄로 압니다. 성령님께서 저를 다스려서 새롭게 하시옵소서.
저의 생각을 성령님께서 주장해 주셔야겠습니다. 저의 가슴을 성령님께서 품어주셔서 하늘에 마음을 바치도록 하셔야겠습니다, 저의 태도와 행실이 성령님께 제어를 당하여 움직여져야겠습니다. 오직, 성령님께 이끌려지게 하시옵소서.
이제, 저에게 성령님을 구하게 하시니 감사합니다. "하늘 아버지께서 구하는 자에게" 성령을 주신다는 말씀에 감격합니다.
성령님의 충만하심으로 들어가 주님의 뜻을 따르게 하시옵소서. 그리하여, 하늘 아버지의 교회로 세워져 가게 하시옵소서.

예수님의 이름으로 기도드립니다. 아멘.

|

롬 8:16(하)

성령이 친히

우리의 영과 더불어

우리가 하나님의 자녀인 것을

증언하시나니

성령님께서
가르쳐 주시는 것을
즐거워하게
즐 하시옵소서

Calligraphy design by Butnori

6. 하나님의 자녀인 것을

하나님 아버지,
성령님의 충만하심이 경험된 후에, 예루살렘 교회가 성령님의 공동체가 되었던 것을 생각합니다. "성령이 친히" 그들과 함께 하셔서 그들은 개인적으로나 공동체적으로 성령님과 함께 한 줄로 믿습니다. 성령님께서 강권해 주는 대로 순종하였다고 여깁니다.
오, 저에게 성령님을 환영해 드리는 마음으로 뜨겁게 하시옵소서. 그리하여 육신을 따르지 않고, 영을 따라서 행하기를 원합니다. 성령님께서 저에게 다가오시는 것을 좋아하게 하시옵소서. 성령님께서 곁에 계심을 기뻐하며, 속삭이는 마음을 주시옵소서. 누가 저를 진리에로 인도해 줍니까? 성령님이신 줄로 믿습니다. 성령님께서 가르쳐 주시는 것을 즐거워하게 하시옵소서. 성경을 읽을 때, 깨닫게 하시며 진리 안으로 인도되는 것을 사모하게 하시옵소서. 성령님께서 달콤하게 하심을 기다리게 하시옵소서.
제가, 하나님의 자녀가 되었다는 것을 성령님께서 확인시켜 주시니 감사합니다. 주님과 동행하게 하시며, 거룩한 길로 나아가게 하시는 성령님을 사랑합니다.
저의 매일, 매일에서 "성령이 친히 우리의 영과 더불어" 계심을 누리게 하시옵소서.

예수님의 이름으로 기도드립니다. 아멘.

|

고전 2:10

오직 하나님이 성령으로

이것을 우리에게 보이셨으니

성령은 모든 것 곧 하나님의

깊은 것까지도 통달하시느니라

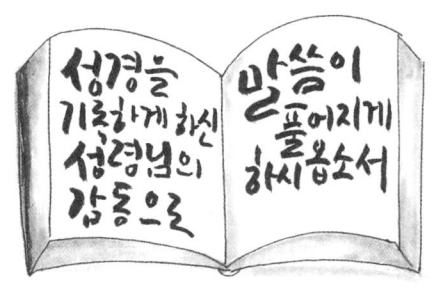

Calligraphy design by Butnori

7. 성령으로 이것을 보이셨으니

하나님 아버지,
사도들은 성령님께 충만한 후에, 하나님의 깊은 것이라도 깨달아 알게 되었다고 생각합니다. 하나님을 아는 지식에 이르도록 이끌어 주는 것은 성령님의 은혜인 줄로 믿습니다. 성령님께서 깨닫게 해주시는 지식으로 하나님의 뜻을 알게 된다고 여깁니다.
크리스천이 된 후에, 사실, 저에게 고민은 어떻게 해야 하나님을 알 수 있을까 하는 것이었습니다. 성경을 읽어서 하나님을 알 수 있다고 하여 성경을 읽었는데, 오히려 이해가 되지 않는 낱말, 단순하지 문장들 때문에 머릿속만 어지러웠습니다.
성경은 단 한 줄의 기록도 성령님의 감동하심으로 쓰여 졌으니, 그것을 읽고 받아들임에도 성령님의 감동이 역사하셔야 한다고 깨닫습니다. 성경을 교과서처럼 읽지 않기를 원합니다. 성경을 기록하게 하신 성령님의 감동으로 말씀이 풀어지게 하시옵소서.
"하나님의 깊은 것까지도 통달하시느니라."
그렇습니다. 성령님께서 저를 이끌어주셔야만 성경에서 하나님의 음성을 듣게 될 줄로 믿습니다. 그러니, 이제 저에게 성령님의 임재로 그 말씀에 순종하도록 강권해 주시며, 거룩한 길을 걷게 하시옵소서.

예수님의 이름으로 기도드립니다. 아멘.

|

행 2:14(하)

유대인들과

예루살렘에 사는 모든 사람들아

이 일을 너희로 알게 할 것이니

내 말에 귀를 기울이라

8, 내 말에 귀를 기울이라

하나님 아버지,
다락방에 모였던 이들이 각 나라의 말로 방언을 하게 되자, 천하 각국에서 모여들었던 사람들이 소동하였다고 생각합니다. 외국에는 가보지도 않은 이들이 방언을 하니 신비할 수밖에요! "우리가 다 우리의 각 언어로 하나님의 큰일을 말함을 듣는도다."
다 놀라며 당황하는 그들에게 베드로와 열한 사도가 함께 서서 예수님을 증거 했다고 깨닫습니다. 성령님의 충만으로 사도들은 역동적인 제자가 되어졌다고 여깁니다. 성령님께서 주시는 지혜와 권능으로, 요엘 선지자의 예언이 있었다고 증거하였습니다.
"내 말에 귀를 기울이라." 성령님께서 사도들을 역동적이 되게 한 줄로 믿습니다. 준비된 설교가 아니었는데 성령님께서 오순절의 성령 강림을 증언하게 하셨지요. 성령님께서 그들을 증언자로 세우셨고, 예수님을 메시야라고 전하게 하셨다고 깨닫습니다.
성령님의 충만으로 제자들은 하나님의 영에 크게 감동이 되었다고 믿습니다. 저에게도 성령님의 충만은 세상에서 크리스천으로 지내도록 하신다고 여깁니다.
성령님의 충만을 원합니다. 저의 심령을 다스려 주시고, 세상에서 주님을 증언하게 하시옵소서.

예수님의 이름으로 기도드립니다. 아멘.

I

행 4:13(상)

그들이 베드로와 요한이

담대하게 말함을 보고

그들을 본래 학문 없는

범인으로 알았다가 이상히 여기며

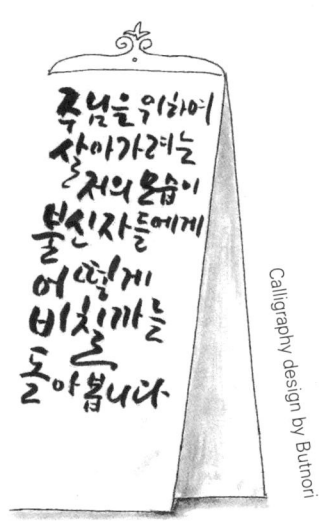

Calligraphy design by Butnori

9, 담대하게 말함을 보고

하나님 아버지,

베드로와 요한은 거리에서 복음을 전하다 체포되어 관원들에게 협박을 받았다고 생각합니다. 그럼에도 그들은 두려워하지 않고, 관원들에게 마주 서서 주님을 증거 한 줄로 믿습니다. 그래서 오히려 관원들이 베드로와 요한을 이상히 여겼다고 깨닫습니다.

"본래 학문 없는 범인으로 알았다가"라고 한 것은 그들이 감동을 받은 표현이라고 여깁니다. 무식한 줄 알았는데, 관원들이 설득을 당할 정도로 확신에 차서 증언을 하였으니까요! 두 사도는 틀림없이 성령님의 충만으로 능력을 나타내 보였다고 깨닫습니다. 특히, 베드로와 요한은 곧 죽음을 당할지도 모르는 상황에서 조금도 굴하지 않은 '굳음'에 감동이 되어, 그들이 한 말이지요

오늘, "이상히 여기며"에 방점을 찍습니다. 주님을 위하여 살아가려는 저의 모습이 불신자들에게 어떻게 비칠까를 돌아봅니다. 유대 법정에서 사도들에게 복음을 전하지 못하도록 하였는데, 베드로와 그들이 대답하기를, "사람보다 하나님을 순종하는 것이 마땅하다."고 했음을 기억합니다.

지금, 제가 그렇게 대답을 해야 한다고 깨닫습니다. 성령님의 충만으로 담대하게 하시옵소서.

예수님의 이름으로 기도드립니다. 아멘.

행 5:41

사도들은 그 이름을 위하여

능욕 받는 일에 합당한 자로

여기심을 기뻐하면서

공회 앞을 떠나니라

Calligraphy design by Butnori

10. 그 이름을 위하여

하나님 아버지,
사도들은 오직 주님을 전하는 것에 자기들의 생명을 내어놓았다고 생각합니다. 예수님을 주님으로 섬기기 위해서 자신들이 능욕 받는 일에 합당한 자로 여기심을 기뻐한 줄로 믿습니다. 그래서 목숨을 잃을지도 모르는 핍박의 위협에서도 멈추지 않았지요.
성령님의 충만이 그들을 그렇게 하신 줄로 여깁니다. 사실, 당시에 그들은 겉으로 보잘 것이 없는 무리에 지나지 않았을 겁니다. 그럼에도 그들이 주님과 복음을 전함에 자기들의 목숨을 내어놓은 것은 성령님의 역사 외에는 달리 설명할 수 없다고 봅니다.
예루살렘 교회의 사람들, 무식해 보이는 어부들이었는데, 그들에 의해 세상에 주 예수의 교회를 세우는 토대가 마련되었다는 것에 감격합니다. 성령님의 충만한 임재가 예루살렘을 시작으로 온 유대와 사마리아 그리고 땅 끝까지 복음을 전했다고 확신합니다.
"그 이름을 위하여 능욕 받는 일에 합당한 자로 여기심을 기뻐했던" 12명으로 시작된 복음의 전파, 그것은 저에게 모델이라고 깨닫습니다.
성령님의 임재로 저를 불태워지게 하시옵소서. '그 이름을 위해' 쓰여 짐을 기뻐하게 하시옵소서.

예수님의 이름으로 기도드립니다. 아멘.

요 14:12(하)

나를 믿는 자는

내가 하는 일을 그도 할 것이요

또한 그보다 큰일도 하리니

이는 내가 아버지께로 감이라

Calligraphy design by Butnori

11. 그보다 큰일도 하리니

하나님 아버지,

주님께서 제자들의 곁을 떠나시면서, 위로가 되는 약속의 말씀을 주셨다고 생각합니다. 그들이 주님의 일을 할 것이며, 주님께서 하신 일보다도 더 큰일도 하게 될 것이라는 약속인 줄로 믿습니다. 제자들에게서 주님의 일이 확장될 것이라는 예언이었지요.

지금은 연약한 모습의 제자들이지만 성령님께서 임하시면 그들이 능력의 사람이 되어 주님께서 하신 일을 하게 될 것을 말씀해 주시니 감격스럽습니다.

성령님의 임재에 대한 약속으로 그들의 두려워하던 마음은 담대함과 확신에 차게 되었다고 깨닫습니다.

주님께서 승천하신 후에, 사도들이 복음을 전하는 현장에서 얼마나 많은 기적과 이적들이 나타났는지요. 그리고 베드로의 설교에서 3천이나 되는 사람들이 주님께로 돌아왔다고 한 것을 기억합니다. 사도들은 하늘의 용사가 된 것을 보여주었다고 여깁니다.

이제, 저는 성령님의 충만하심으로 주님의 일을 계속해서 해낼 수 있기를 원합니다. 예루살렘 교회의 사도들에 이어서 이제는 제가 주님의 일을 이을 차례인 줄로 믿습니다. 저에게도 주님께서 하신 일보다 더 큰일을 감당하여 섬기게 하시옵소서.

예수님의 이름으로 기도드립니다. 아멘.

|

사 55:12(하)

산들과 언덕들이 너희 앞에서

노래를 발하고

들의 모든 나무가

손뼉을 칠 것이며

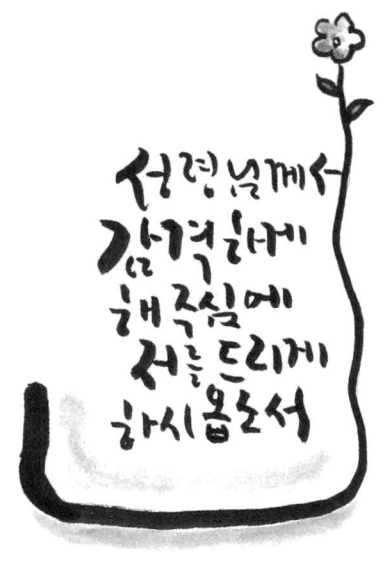

Calligraphy design by Butnori

12. 손뼉을 칠 것이며

하나님 아버지,
"평안을 너희에게 끼치노니 곧 나의 평안을 너희에게 주노라."(요 14:27)고 하신 주님의 말씀을 기억합니다. 하나님의 자비하심은 그의 백성에게 평안을 주신다고 여깁니다. 하나님을 섬기는 신앙생활은 기쁨과 평안을 누리는 삶인 줄로 깨닫습니다.
천국 백성이 경험하는 그 기쁨과 평안이 죄 사함으로 말미암은 것이라 감격스럽습니다. 그것은 성령님의 임재로 증거해 주심이라는 깨달음이 저에게 두 손을 높이 들어 주님의 이름을 찬양하게 합니다. 성령님의 감동에 반응해서 다윗도 춤을 추었겠지요.
"들의 모든 나무가 손뼉을 칠 것이며."
그렇습니다. 성령님의 감동은 저에게 하나님께로부터 받은 말씀을 읊조리게 하고, 어깨를 들썩이게까지 합니다. 자신을 크리스천이라고 여길지라도 성령님께 충만해보지 못한 사람은 알 수 없는 신비함의 기쁨을 누리게 하셨습니다.
성령님께서 감격하게 해주심에 저를 드리게 하시옵소서. 손을 들게 하시면 높이 손을 들고, 발을 구르게 하시며 소리가 나도록 구르기를 원합니다. 저의 마음이나 생각을 오직 하나님께로 향하게 하시옵소서. 하나님을 기뻐하는 표현을 나타내게 하시옵소서.

예수님의 이름으로 기도드립니다. 아멘.

|

롬 8:9(상)

만일 너희 속에

하나님의 영이 거하시면

너희가 육신에 있지 아니하고

영에 있나니

성령님께서
제 안에
계시니
옛사람의 행실을
거절하고
물리치게
되었음을 확인합니다

Calligraphy design by Butnori

13. 하나님의 영이 거하시면

하나님 아버지,
자기 안에 하나님의 영이 있는 사람은 영에 있다고 하셨습니다. 성령님께 속해 있다는 것이지요. 성령님께서 예수님을 주라고 고백하게 하시고, 그의 심령에 계시는 줄로 믿습니다. 성령님의 다스리심으로 죄의 본성에게 지배를 받지 않는다고 여깁니다.
성령님께서 자신의 심령에 들어오시기 전까지는 죄의 본성에게 지배를 받아, 죄 안에 머물렀는데, 지금은 성령 안에 있게 되었다고 하셨습니다. 성령님께서 제 안에 계시니 옛 사람의 행실을 거절하고 물리치게 되었음을 확인합니다.
'하나님의 영이 내 안에 있다.' 이 선언만으로도 저는 감격합니다. 제가 습관적으로 붙어있는 옛 사람의 행실을 거절하지 못하여 죄를 짓더라도 저는 성령님께 속하여있음을 선언합니다. 성령님께서는 저의 행실이 죄라고 깨닫게 하시고 회개하게 하시지요. 이전에는 죄를 알지도 못하였었는데, 죄를 깨닫다니요! 그 깨달음이 바로 제가 성령님께 속해 있음을 증거 한다고 믿습니다.
이제, 죄의 용서함을 받은 제 안에 성령님께서 계시다는 것을 확신하게 하시옵소서. 참으로 감격스럽습니다. 성령님과 동행하면서 지내게 하시옵소서.

예수님의 이름으로 기도드립니다. 아멘.

|

갈 5:16

내가 이르노니 너희는

성령을 따라 행하라

그리하면 육체의 욕심을

이루지 아니하리라

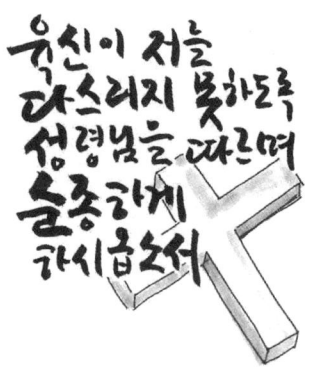

Calligraphy design by Butnori

14. 성령을 따라 행하라

하나님 아버지,
성도는 구원을 받아, 천국 백성이 되었지만 여전히 사람의 몸을 갖고 이 땅에서 지내므로 육신을 피할 수 없다고 생각합니다. 그러다보니 '내 안에서' 영과 육의 갈등이 존재한다고 여깁니다. 이제, 성도에게는 새로운 싸움이 있게 된 줄로 믿습니다.
하나님의 영이 죄인에게 들어와서,
- 자신이 죄인이라는 사실을 인정하고 회개하게 하며
- 예수님의 대속과 나에게 주님이심을 믿는 것은
성령님께서 제 안에 계심을 증거하는 것이라고 확인합니다.
저에게는 육신과의 싸움이 있으니 이겨야 한다고 깨닫습니다. 이를 위해서 "너희는 성령을 따라 행하라."고 하셨지요. 그렇습니다. 제가 성령을 따라 행하는(성령님의 인치심) 시간에는 육신의 사람(이전의 사람)이 저를 다스리지 못할 것이라고 깨닫습니다.
아하, 이제 깨닫습니다. 성령님께서 제 안에 계시지만 옛 성품의 삶을 거절하지 않으면 육신의 소욕이 활개를 쳐서 저를 영의 사람으로 지내지 못하게 한다는 것입니다.
그러므로 육신이 저를 다스리지 못하도록 성령님을 따르며, 순종하게 하시옵소서. 성령님께서 저를 주장해 주시옵소서.

　　　　　　　　　　　예수님의 이름으로 기도드립니다. 아멘.

|

갈 5:22-23(상)

오직 성령의 열매는

사랑과 희락과 화평과

오래 참음과 자비와 양선과

충성과 온유와 절제니

15. 오직 성령의 열매는

하나님 아버지,
제가 이 땅에서 살아가는 한, 옛 사람의 성품이 저를 어둡고 부패한 곳으로 끌고 갈 것입니다 - 이전에 그렇게 자주 갔던 것처럼. 성령님께서 제 안에서 계시지만 말입니다. 제가 성령님께 순종하지 않는다면 저의 사악함은 끝까지 갈 것입니다.
죄로 말미암아 부패되어 있는 본성을 깨닫게 하시니 감사합니다. 죄의 찌꺼기가 여전히 있음을 보게 하시니 감사합니다. 성령님께서 죄의 욕망을 다스려 주시니 감사합니다. 성령님께서 저를 다스리시므로 죄의 쾌락을 쫓다가도 멈추게 하시니 감사합니다.
성령님께서 제 안에 계시고, 함께 하시지만 성령님께 순종하는데 익숙하지 못함을 인정하게 하시옵소서. 그러니, 성령님께서 감동을 주실 때, 큰 소리로 환영하게 하시옵소서.
성령님께서 간섭하려 하실 때, 내어드리게 하시옵소서. 주님을 따르는 거룩한 습관을 원합니다.
성령을 따르는 행실을 사모하게 하시옵소서. 묵은 땅을 갈아엎어서 성령님의 나무를 심게 하시옵소서. 성령님으로 맺어지는 열매를 알게 하셨으니, 그 열매가 맺어지기를 원하게 하시옵소서. 그리하여 주님의 날이 왔을 때, 열매를 보여드리게 하시옵소서.

예수님의 이름으로 기도드립니다. 아멘.

롬 6:16(상)

너희 자신을 종으로 내주어

누구에게 순종하든지

그 순종함을 받는 자의 종이

되는 줄을 너희가 알지 못하느냐

주에게 종노릇을
했을때의
즐거움을
즐거절하게
하시옵소서

Calligraphy design by Butnori

16. 자신을 종으로 내주어

하나님 아버지,

사람은 피조물로서 자기를 지으신 하나님을 공경하기를 기뻐한다고 깨닫습니다. 죄가 세상에 들어온 후에 하나님을 섬기기를 싫어하게 되었고, 죄에게 종노릇을 하게 되었다고 여깁니다. 그리고 자신이 죄인이라는 것을 깨닫지 못하게 되었지요.

하나님의 주권적인 섭리로 사람은 순종하려는 마음을 갖게 된 줄로 믿습니다. 그런데 죄로 말미암아 타락한 본성이 사탄에게 순종을 하고, 사탄을 즐겁게 하였다고 생각합니다. 그러나 지금은 예수님을 믿어 하나님의 자녀가 되었음을 선포합니다.

성령님께서 저를 강권하여 주님께 순종하게 하시옵소서. 제가 주님의 말씀에, 주님을 기쁘시게 해드림에 순종한다면 하나님의 종이 될 줄로 믿습니다.

그때, 순종의 행실에 의해서 의롭다 하심을 얻게 될 것을 확신합니다. 영생에 이르게 된다고 깨닫습니다.

이에 오늘, 성령님께서 지배하시도록 저를 내어드리게 하시옵소서. 강권하여 이끌어 주시는 대로 따르게 하시옵소서. 이로써 죄에게 종노릇을 했을 때의 즐거움을 거절하게 하시옵소서. 성령의 열매를 맺어 자신을 하나님의 종으로 지내게 하시옵소서.

예수님의 이름으로 기도드립니다. 아멘.

|

요 3:8(상)

바람이 임의로 불매

네가 그 소리는 들어도

어디서 와서 어디로 가는지

알지 못하나니

17. 임의로 역사하시는 성령님

하나님 아버지,

성령님의 활동과 역사는 오직 하나님의 주권적인 섭리와 그 계획에 따르는 줄로 믿습니다. 바람은 임의로 불고, 그 바람이 어디서 와서 어디로 가는지 알지 못한다고 하셨습니다. 하나님의 시간에, 뜻을 이루시려고 성령님께서 역사하신다고 확신합니다.

바람이 임의로 부는 것처럼 성령님께서도 그렇게 역사하신다고 하셨습니다. 제가 알지 못하는 시간에 성령님께서 하나님의 일을 이루신다는 것을 깨닫습니다.

하나님의 섭리와 계획을 이루시려고 역사하시는 성령님을 확인하게 하시옵소서.

바람의 소리는 들리지만 그 바람이 어디에서 오는지를 모른다고 하셨습니다. 성령님의 역사하심을 눈으로 확인은 하지만 언제 성령님께서 일을 시작하시는지는 모르니 어떻게 해야 합니까? 성령님을 주목하면서 그 앞에서 겸손해야 됨을 깨닫습니다.

임의로 역사하시는 성령님 앞에서 겸손하기를 원합니다. 성령님의 역사를 발견하는 순간에, 저를 내어드리게 하시옵소서. 성령님께 드릴 때, 하나님을 영화롭게 해드리게 된다고 믿습니다. 제가 어디에서, 무엇을 하던지 성령님께 맡기게 하시옵소서.

예수님의 이름으로 기도드립니다. 아멘.

I

롬 8:26(상)

이와 같이 성령도

우리의 연약함을

도우시나니

Calligraphy design by Butnori

18. 연약함을 도우시나니

하나님 아버지,
주님께서 확신해 주시기를, "성령도 우리의 연약함을 도우시나니"라고 하시니 감사합니다. 사실, 제가 얼마나 약한지를 하나님은 아시지요? 스스로의 힘으로는 도저히 벗어날 수 없는 시련에 마주칠 때가 많습니다. 순간, 머릿속은 하얗게 되고, 가슴에서는 숨이 가쁩니다. 가쁜 호흡은 멈추지 않습니다. 성령님께서 저의 연약함도 도와주실까요?
성령님께서 저의 연약함을 아신다는 것으로 위로가 시작되었습니다. 그리고 성령님의 도우심을 기대하기 시작하게 하시고, 도우심을 확신하게 하십니다. 저를 지켜보시고 계신 성령님, 거기에 계시며 저에게로 오셔서 붙들어 주실 성령님께 감사합니다.
아하, 왜 제가 몰랐을까요? 솔직하게 여쭈어서, 왜 성령님의 도와주심을 기대하지 않았는지요? 하나님을 가리킬 때, '하늘 아버지라' 하였지만 그것은 하나님과 저 사이의 관계를 나타내기보다는 하나님에 대한 명사적인 용어에 지나지 않았음을 회개합니다.
이제, 성령님께서 도우신다는 사실을 확신하게 하시옵소서. 저의 연약함을 성령님께 맡기고, 도와주심을 기다리게 하시옵소서. 성령님께서 붙잡아 주심에 소망을 잃지 않게 하시옵소서.

예수님의 이름으로 기도드립니다. 아멘.

|

고전 2:14(하)

그에게는 어리석게 보임이요,

또 그는 그것들을 알 수도 없나니

그러한 일은 영적으로

분별되기 때문이라

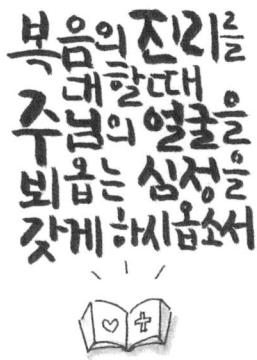

Calligraphy design by Butnori

19. 영적으로 분별

하나님 아버지,
복음 앞에서 세상은 둘로 나뉜다는 것을 확인합니다. 육에 속한 사람과 영에 속한 사람이라는 것이지요.
육에 속한 사람, 그는 죄에서 구원을 받지 못하여 성령님께서 하시는 일들을 알지 못한다고 깨닫습니다. 불신자라고 여깁니다. 이 사람은 성령님의 교훈을 받지 않고, 믿지도 않으며, 복음을 미련한 것으로 여긴다고 했습니다.
그렇지만 영에 속한 사람은 성령님의 역사를 경험하게 되는 줄로 믿습니다. 진리를 깨달아 분별하는 것을 경험한다고 하셨지요. 이 사람을 신령한 자라고 말하며, 복음의 진리를 믿는다고 하셨습니다.
오늘, 저를 돌아봅니다. 제가 진실로 영적으로 분별하는 것을 경험하고 있습니까? 하나님의 뜻에 주목하고, 주님의 마음을 알고 있다고 대답할 수 있는지요? 복음의 진리를 대할 때, 주님의 얼굴을 뵈옵는 심정을 갖게 하시옵소서.
오늘, 깨달았으니 늘, 성령님의 감동에 이끌리고, 성령님께서 강권하실 때, 일체 순종으로 응답하게 하시옵소서. 하나님의 일을 하나님의 뜻으로 분별하게 하시옵소서.

> 예수님의 이름으로 기도드립니다. 아멘.

|

골 2:7

그 안에 뿌리를 박으며

세움을 받아 교훈을 받은 대로

믿음에 굳게 서서

감사함을 넘치게 하라

Calligraphy design by Butnori

20. 믿음에 굳게 서서

하나님 아버지,
예수님께 관심이 없던 사람도 예수님이 구주이시라는 것을 깨닫고, 주님으로 영접하면 하나님의 자녀가 된다고 깨닫습니다. 그래서 그는 자신에게 붙여진 '성도'라고 불리는 것을 특별한 이름처럼 받아들인다고 봅니다.
그때부터 주님과 함께 하거나 주님과의 동행을 좋아하며 그 마음을 주시는 성령님의 강권하심을 즐거워한다고 생각합니다. 성령님께서 강권하시는 역사로 주님의 말씀에 순종하며 그렇게 지내기를 기뻐하지요. 성령님과 더불어 지냄을 즐거워하지요.
그런데 만일, 성령님과의 동행을 사모하지 않으면 성령님의 강권에 관심이 없어진다는 것을 깨닫기를 원합니다. 성령님을 알기는 하지만 성령님께 관심이 없이 지내고 말게 될 겁니다.
혹시 제가 성령님께 미지근하다면 저의 마음을 성령님께로 회복시켜 주시옵소서. 그리하여 성령님께서 힘을 주신다는 것을 새롭게 느끼기를 원합니다.
성령님께 가까이 하고, 만일, 어려운 순간에 놓여도 성령님의 이끌어 주심을 기대하게 하시옵소서. 저를 혼자 있도록 하지 않으심을 잊지 않게 하시옵소서.

예수님의 이름으로 기도드립니다. 아멘.

|

요 16:22(하)

너희 마음이 기쁠 것이요

너희 기쁨을 빼앗을

자가 없으리라

주님께서
약속하신 것처럼
부활자가 되어주시니
잃었던 기쁨도
다시
찾은 줄로 믿습니다

Calligraphy design by Butnori

21. 마음이 기쁠 것이요

하나님 아버지,
성령님께서 교회와 함께 하시고, 성도에게 기쁨이 되어주심을 깨닫습니다. 주님께서 약속을 하신 것처럼 위로자가 되어 주시니 잃었던 기쁨도 도로 찾을 줄로 믿습니다. 감격스럽습니다.
- 외롭고 슬픔이 차오를 때, 홀로 있지 않도록 하심을 믿습니다.
- 곤경에 빠져 허우적거릴 때, 위로하시며 건져주심을 믿습니다.
- 더 이상 할 수 있는 것이 없을 때, 소망을 주심을 믿습니다.
어리석은 인생에게 깨닫게 하시고, 그 깨달은 것을 실행에 옮기도록 힘을 주시는 이가 누구입니까? 성령님이시지요.
성령님께서 소리도 없이 저에게 다가오셔서 결단을 내리게 하심을 확신합니다. 망설임으로 주저할 때, 신뢰에 대한 확신을 주신다고 믿습니다.
예루살렘의 제자들에게는 주님께서 함께 하시고, 지금은 하늘 아버지의 자녀들에게 성령님께서 함께 하심을 확신할 때, 저의 작은 가슴은 감격에 넘칩니다. 외롭지 않다고 소리치게 하십니다.
근심하여 심히 애통을 하는 지경에 이르렀지만 기쁨으로 바꾸어 주시는 성령님을 기다리게 하시옵소서. 성령님의 충만으로 소생의 길로 이끌어주실 것을 확신하게 하시옵소서.

예수님의 이름으로 기도드립니다. 아멘.

고전 6:20

너희는 너희 것이 아니라

값으로 산 것이 되었으니,

그런즉 너희 몸으로

하나님께 영광을 돌리라

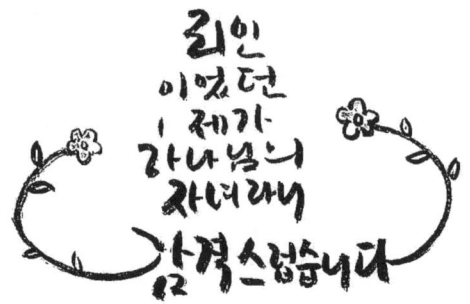

Calligraphy design by Butnori

22. 값으로 산 것이 되었으니

하나님 아버지,
주님께서 십자가에 달려 피 흘려 죽으심으로 구원을 받는 자들에게 값으로 산 것이 되었다고 하셨음을 깨닫습니다. 주님의 십자가에서 죽으심이 값을 지불했다고 하신 줄로 믿습니다. 죄를 용서받도록 주님의 피로 지불이 된 것이지요.
그러니 이제, 성도는 하늘 아버지의 자녀(소유)가 되었으며, 자신의 것이 아니라 하나님의 것인 줄로 믿습니다.
저의 인생이 하나님의 것이 되었다는 사실은 이제부터는 성령님께 자신을 내어드려서 성령님의 충만하심으로 살아가게 되었음을 의미한다고 여깁니다.
하나님께서 값을 지불하여 사셨고, 자녀라는 신분을 주셨으니 아버지(하나님)의 뜻에 따라야 될 의무가 주어졌다고 깨닫습니다. 하늘 아버지의 이름을 영화롭게 해드리는 자녀가 되었다는 것이지요. 죄인이었던 제가 하나님의 자녀라니 감격스럽습니다.
오늘, 성령님의 강권하심으로 저의 기도와 소망이 바뀌었으니,
- 아버지께 자녀로 살아드림에 부족하지 않게 하시옵소서.
- 몸을 드려서 하나님을 영화롭게 해드리게 하시옵소서.
- 오직 성령님께 충만하게 하여 영광을 받으시옵소서.

예수님의 이름으로 기도드립니다. 아멘.

|

행 8:29

성령이 빌립더러 이르시되

이 수레로 가까이

나아가라 하시거늘

자신이
경험한 것에서
우연이라고
여기지 않게
하시옵소서

Calligraphy design by Butnori

23. 성령이 빌립더러 이르시되

하나님 아버지,

성령님께 충만했던 사람 빌립, 그에게 성령님께서 강권하여 예루살렘에서 가사로 내려가는 길까지 갔고, 에디오피아 여왕의 내시가 수레 안에서 이사야의 글을 읽었지만 알지 못할 때, 빌립이 그에게 가까이 가서 복음을 전하게 되었다고 깨닫습니다.

성령님께 충만했던 빌립은 자기를 강권하시는 성령님께 민감하게 순종해서 에디오피아 여왕의 내시에게 복음을 전하게 된 줄로 믿습니다.

성령님께 충만하면 그에게 강권하시는 성령님의 뜻을 깨달아 순종한다고 여깁니다. 그리하여 하나님의 뜻을 성취하지요.

성도가 이 땅에서 지낼 때, 그가 경험하게 되는 모든 것에는 하나님의 주권적인 섭리가 있는 줄로 믿습니다. 성도의 시간에서 뜻이 없는 것은 아무 것도 없다고 여깁니다. 다만 사람이 성령님께 충만하지 못해서 거룩한 일을 이루어 드리지 못하지요.

- 자신이 경험하는 것에서 우연이라고 여기지 않게 하시옵소서.
- 자신이 하는 것에서 의미가 없다고 여기지 않게 하시옵소서.

성령님께 충만한 종들을 통해서 하나님은 자기의 뜻을 이루어 가신다고 확신합니다. 그러니, 하나님을 바라보게 하시옵소서.

예수님의 이름으로 기도드립니다. 아멘.

|

엡 5:17

그러므로 어리석은 자가

되지 말고

오직 주의 뜻이

무엇인가 이해하라

나를
성령님께
민 가하게
 말하시옵소서

Calligraphy design by Butnori

24. 주의 뜻을 이해하라

하나님 아버지,
"그러므로 어리석은 자가 되지"말라고 하셨습니다. 어리석지 않기 위해서 "오직 주의 뜻이 무엇인가 이해하라."는 권면은 아침마다 새롭게 들어야 될 말씀이라고 여깁니다. 주님을 믿는 자에게는 성령님께서 함께 하시는데, 사실, 성령님을 거슬러 자신의 생각대로 하려는 사람에게는 성령님의 역사가 나타나지 않지요. 구원을 받은 하늘 아버지의 자녀에게 성령님께서 오셔서 계심은 하나님의 큰 복이라고 깨닫습니다. 성령님의 충만하심으로 전에 경험해보지 못했던 승리자의 삶을 누리게 하시는 줄로 믿습니다.
- 평강과 기쁨이 넘쳐서 힘이 솟아나게 하심을 확신합니다.
- 안정과 위로로 든든하게 하심을 확신합니다.
- 이끌어주심과 통찰력을 통해서 지혜롭게 하심을 확신합니다.

그러니, 저를 성령님께 민감하게 하시옵소서. 성령님께 자신을 넘긴(양도)자로써 지내게 하시옵소서. 저에게 간섭하시는 성령님의 강권은 주님의 뜻을 구하게 하는 줄로 깨닫습니다.
세미한 음성, 때로는 폭포 소리로 말씀하시는 성령님께 귀를 기울이게 하시옵소서. 저에게 향하시는 주님의 뜻을 이해하려고 하시옵소서.

예수님의 이름으로 기도드립니다. 아멘.

|

엡 5:18

술 취하지 말라

이는 방탕한 것이니

오직 성령으로

충만함을 받으라

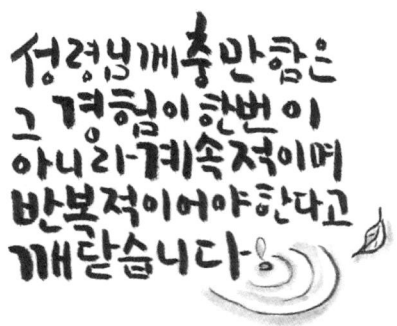

Calligraphy design by Butnori

25. 오직 성령으로 충만함을

하나님 아버지,

천국 백성은 이 땅에서 지내는 동안에 거룩해져야 할 것을 명령 받고 있다고 깨닫습니다. 사람이 무엇으로 거룩해지겠습니까? "성령으로 충만함을 받음"이라고 여깁니다. 성령님께 충만함으로 말미암아,

- 하나님을 본 받는 자가 되어야 한다고 하셨습니다.
- 이웃과 더불어 지낼 때, 사랑 가운데 행하라고 하셨습니다.
- 자기 자신을 향해서 빛의 자녀들처럼 행하라고 하셨습니다.

성령님 곧, 하나님의 영만이 성도를 하나님의 거룩하심에 이르게 하는 줄로 믿습니다. 성령님께 충만함은 그 경험이 한 번이 아니라 계속적이며, 반복적이어야 한다고 깨닫습니다. 이러한 반복에서 거룩함이 계속 되겠지요.

오늘, 제가 술취한 자처럼 방탕하지 않기 원합니다. 자신을 무절제하지 않게 하시옵소서. 성령님께 순종하게 하시옵소서. 저에게는 삶의 목적, 곧 거룩해져야 함을 잊지 않게 하시옵소서.

그리하여 육신의 사람으로 세상을 바라보지 않게 하시옵소서. 성취하시려는 하나님의 뜻을 살펴서 사랑으로 이웃을 대하게 하시옵소서. 빛의 자녀라는 신분을 놓치지 않게 하시옵소서.

예수님의 이름으로 기도드립니다. 아멘.

|

갈 5:24

그리스도 예수의 사람들은

육체와 함께

그 정욕과 탐심을

십자가에 못 박았느니라

26. 십자가에 못 박았느니라

하나님 아버지,

죄인이었던 인생이 십자가 보혈의 공로로 죄 없다는 선포를 받았다고 깨닫습니다. 주님께서 제물이 되어 주셔서 속죄함을 받은 줄로 믿습니다. 그렇지만 죄의 본성은 여전히 남아 있지요.

성도는 하늘에 속한 신분이지만, 자기 자신 안에서 육체의 욕망과 성령님의 욕망이 대립, 서로 싸우고 있음을 깨닫습니다.

만일, 하나님의 백성이 육체의 욕망에 긴장하지 않고 지내다가는 성령님의 도우심과 인도하심을 받지 못하여 육체의 욕망에 자신을 내어주고 말 것입니다.

오, 저에게 제 안에 있는 두 모습을 잊지 않게 하시옵소서. 땅에서 지내지만 하늘에서 살아가야 하는 긴장관계에 놓여져 있음을 의식하게 하시옵소서. 죄악의 본성으로 말미암은 육체의 욕망을 밀어내기 위해서 성령님께 충만하기를 사모하게 하시옵소서.

이로써, 십자가에 달려 죽으셨을 때, 저의 옛 사람도 죽임을 당했음을 상기하게 하시옵소서. 또한 주님께서 십자가에서 저를 대신하여 정과 욕심을 못 박으셨음을 상기하게 하시옵소서.

성령님을 쫓아 성령님의 인도하심을 바라게 하시옵소서. 그리고 육체의 욕망이 꿈틀 거릴 때, 십자가를 의지하게 하시옵소서.

예수님의 이름으로 기도드립니다. 아멘.

요 15:5(상)

나는 포도나무요 너희는 가지라

그가 내 안에, 내가 그 안에 거하면

사람이 열매를 많이 맺나니

Calligraphy design by Butnori

27. 그가 내 안에

하나님 아버지,

성령님께서 강하게 임해 주시는 경험을 하고, 성령님의 충만하심에 따른 어떤 행동을 했다 하더라도 성령님의 임재는 늘 경험되어야 한다고 깨닫습니다. 어느 순간에, 성령님의 강한 역사가 있었어도 그것은 성령님의 사람이라는 증표가 아닌 줄로 믿습니다. 지난 시간에 성령님의 임재를 경험했지만 지금, 하나님의 뜻을 거스른다면 성령님께 속하지 않게 된다고 여깁니다. 또한 하나님을 대항해서 생각을 한다면 성령님의 역사가 일어날 수 없다는 것을 배웁니다. 포도나무에 가지가 되어 붙어있어야지요.

새벽에 깨어서 한 날을 시작할 때, 자신과 그날의 시간을 성령님께 드려야 할 줄로 믿습니다. '내가 그 안에 있는 심정' 곧 자신을 성령님께 맡기고, 인도하심에 따라 순종하게 하시옵소서.

그리하여 아침에 눈을 뜨면, 그 어떤 것, 생각도 하기 전에,

- 깨어난 잠자리에서 성령님께 인사를 드리게 하시옵소서.
- 오늘, 한 날을 성령님의 시간으로 인정해드리게 하시옵소서.
- 언제, 어떤 상황들이 일어날지 모르지만 성령님께 맡기게 하시옵소서.

주님 안에 거하는 심정으로 오늘을 시작하게 하시옵소서.

예수님의 이름으로 기도드립니다. 아멘.

|

골 1:11

그의 영광의 힘을 따라

모든 능력으로 능하게 하시며

기쁨으로 모든 견딤과

오래 참음에 이르게 하시고

성령님께 충만하지게 하시옵소서
마음과 생각에,
성령님께 이끌려지게 하시옵소서
온몸으로,

Calligraphy design by Butnori

28. 그의 영광의 힘을 따라

하나님 아버지,

성경의 사람들에게서 보인 공통점은 그들이 하나님의 나라에 도구와 그릇이었다는 것을 깨닫습니다. 천국 백성은 자신이 하나님 앞에서 자녀라는 것을 확인하고, 하늘 아버지를 영화롭게 해드려야 될 줄로 믿습니다. 하나님을 사랑하는 자녀로서!

성령님께서 임하셨을 때, 주님의 제자들은 능력의 종이 되었음을 확인합니다. 그들은 바뀌거나 달라진 것이 아니라 성령님의 임재로 새 사람이 되었다고 여깁니다. 자신의 각오나 결단으로 복음의 증인이 되지 않고, 성령님께서 그렇게 하셨다고 깨닫습니다.

'성령님께서 만드신 새 사람.'

그렇습니다. 성령님의 작용에 저를 새 사람으로 만들어 주시기를 원합니다. 성경의 사람들 같기를 원하지만 스스로는 그리 하지 못합니다. 성령님으로 저를 채워주시옵소서. 성령님께서 강권하셔서 다스려 주시옵소서.

- 성령님께 충만해지게 하시옵소서. 마음과 생각에.
- 성령님께 이끌려지게 하시옵소서. 온 몸으로.

하나님께서 원하시는 그대로 쓰여 지는 도구가 되게 하시옵소서. 하나님의 나라가 이 땅에서 이루어지도록 사용되게 하시옵소서.

예수님의 이름으로 기도드립니다. 아멘.

|

롬 8:14

무릇 하나님의 영으로

인도함을 받는 사람은

곧 하나님의 아들이라

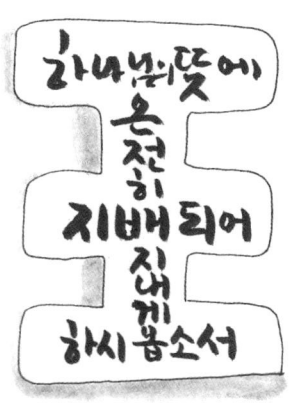

Calligraphy design by Butnori

29. 곧 하나님의 아들이라

하나님 아버지,
성령님께 속한 사람은 어제 이끌어 주셨던 성령님께 감사하고, 오늘 임재하실 성령님을 찬양하며, 내일도 성령님을 의지하겠다는 마음이라고 깨닫습니다. 성령님께 자신을 드려서 살아가는 경험, 거기에 벅찬 감동이 있고 환희가 있는 줄로 믿습니다.
- 오늘은 저에게 성령님의 날입니다.
- 오늘을 지낸다는 것은 성령님께서 동행하시는 역사입니다.
- 이 작은 몸으로 성령님께서 원하시는 것을 도와드립니다.
자신의 생각과 삶이 성령님의 강권에 맡겨져서 지내는 것, 이것이 성령님과 동행하는 삶이라고 깨닫습니다. 자신이 성령님께 속하였음을 확인하는 것을 즐거워한다고 여깁니다.
저의 생각을 성령님으로 채우고, 그리고 저의 혈관에 성령님이 흐르게 하시옵소서. 이로써 하나님의 뜻에 온전히 지배되어 지내게 하시옵소서.
하나님 아버지 앞에서 '사람 성도'가 무엇을 할 수 있습니까? 성령님께서 저를 강권하여 이루어 주심이라고 확신합니다. 저의 마음에 하나님을 기쁘시게 해드리기를 원하게 하시옵소서. 성령님께 감동되기를 원하여 단 한 순간도 허비하지 않게 하시옵소서.

예수님의 이름으로 기도드립니다. 아멘.

I

요 14:26

보혜사 곧 아버지께서

내 이름으로 보내실 성령

그가 너희에게

모든 것을 가르치고

Calligraphy design by Butnori

30. 모든 것을 가르치고

하나님 아버지,
성령님께서 강권하사, 자신이 하나님께 속해 있음을 스스로에게 선포하게 하심을 깨닫습니다. 그리고 하나님의 나라를 사모하게 하시고, 하나님의 이름을 영화롭게 해드리려는 마음을 주시는 줄로 믿습니다. 성령님께 감동하심이라고 여깁니다.
성령님의 감화는 하늘 아버지를 향해서 하나님께 기쁨이 되어드리기를 결단하게 하신다고 생각합니다.
비록 작은 손이지만 하나님의 뜻을 분별해서 영광을 드리기를 원하게 하신다고 여깁니다. 자신의 마음에 하나님을 중심으로 삼게 하시지요. 그리하여,
- 자신의 그릇된 것을 어서 깨달아 고치려는 마음을 갖습니다.
- 시험이나 환난이 닥쳐왔을 때, 불평하지 않습니다.
- 분노하게 되어도 화를 내지 않고, 하나님을 기다립니다.
성령님께 충만함으로 하나님께 소망을 두게 된다고 확신합니다.
어려운 상황에서도 성령님께서 구해주실 것을 의지합니다. 그러니, 저의 눈과 혀, 감정과 의지를 성령님께 맡기게 하시옵소서.
오늘, 성령님께서 저를 주장하시도록 맡겨드리게 하시옵소서. 오직 성령님께서 이끌어주심을 바라며 순종하게 하시옵소서.

예수님의 이름으로 기도드립니다. 아멘.

|

골 3:16(상)

그리스도의 말씀이

너희 속에 풍성히 거하여

모든 지혜로 피차

가르치며 권면하고

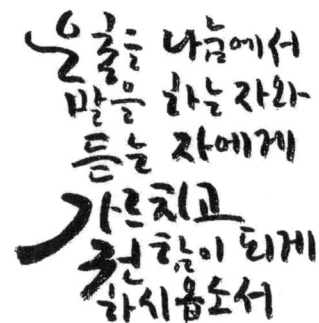

Calligraphy design by Butnori

31. 피차 가르치며 권면하고

하나님 아버지,
성령님의 충만을 경험할 때, 한 신앙 안에서 교제하는 지체와 은혜를 나누고 싶어 하게 된다는 것을 깨닫습니다. 하나님의 은총이 지체를 향해서 한 몸을 누리게 하심인 줄로 믿습니다. 혼자 사는 것을 원하지 않으시는 하나님이시기 때문에서지요.
성령님께서 저에게 마음을 열게 하시고, 그를 향해서 경험한 은총을 나누게 하시며 그 나눔으로 은혜를 배가하신다고 여깁니다. 아하, 입을 열고 싶어지는 것이 은혜의 결과라고 깨닫습니다. 입을 다물고 싶다면 그것은 자신에게 은혜가 사라졌음이지요!
자신을 상대에게로 향하고 싶어지고, 성령님께서 주신 감동, 그 벅찬 감격을 나누고 싶어지게 하시니 감사합니다. "그리스도의 말씀이 너희 속에 풍성히 거하여"라고 하셨습니다. 자신의 입술을 벌림이 서로에게 가르치고, 권면하는 것이 되기를 원합니다.
공동체에서 수다스러워짐이 바로 은혜의 결과라고 생각합니다. 내게 주신 은총을 나눌 때, 그 말이 수다스러워지지 않게 하시옵소서.
은총을 나눔에서 말을 하는 자와 듣는 자에게 가르치고 권함이 되게 하시옵소서. 이때, 자기를 자랑하지 않게 하시옵소서.

예수님의 이름으로 기도드립니다. 아멘.

|

엡 5:19

시와 찬송과 신령한 노래들로

서로 화답하며

너희의 마음으로

주께 노래하며 찬송하며

성령님으로
말미암은
벅찬감동은
노래하게
합니다~

Calligraphy design by Butnori

32. 주께 노래하며 찬송하며

하나님 아버지,

성령님의 충만은 자신의 심령을 벅찬 감화에 휩싸이게 하여 노래하도록 한다고 깨닫습니다. 은혜가 임한 감동은 혼자서도 노래를 부르게 하고, 공동체 안에서 지체와도 함께 하도록 하는 줄로 믿습니다. 그리하여 서로 '따라 부름'으로 한 몸이 되게 하시지요.

성령님은 노래하는 영이시라고 고백합니다. 성령님으로 말미암은 벅찬 감동은 노래하게 합니다. "시와 찬송과 신령한 노래들로 서로 화답하는"것을 경험하게 하십니다.

저의 심령 깊은 곳에서부터 샘이 솟아 나오는 곡조로 주님을 노래할 때 제 주위에 모여든 이들이 한 목소리로 노래하게 하십니다. 주님의 이름을 좋아하며 하모니를 이루는 노래는 어느 사이에 천국으로 올라간 것처럼 환희를 누리게 한다고 확신합니다.

노래를 부름으로써 저 자신이 밝아지며 활기에 차게 하십니다. 언제인지는 몰랐어도 잃어버리고 있었던 기쁨을 찾게 하십니다. 노래를 즐기는 환희 속에서 성령님의 임재하심이 충만한 예배임을 깨닫습니다.

저의 시간을 예배로 만들어 주시는 성령님, 찬송으로 영광을 드리게 하시옵소서. 그 감격을 찬송으로 이어가게 하시옵소서.

예수님의 이름으로 기도드립니다. 아멘.

|

골 3:17

또 무엇을 하든지

말에나 일에나

다 주 예수의 이름으로 하고

그를 힘입어

하나님 아버지께 감사하라

33. 그를 힘입어 감사하라

하나님 아버지,

성령님께 충만한 성도는 자신이 하게 되는 모든 행실이나 일들을 주 예수의 이름으로 해야 된다는 것을 깨닫습니다. 예수님이 하나님 앞에서 중보자가 되어주시기 때문인 줄로 믿습니다. 자신이 천국 백성이 된 것도 주님의 중보에 의한 은혜라고 여깁니다.

'사람 성도'는 하나님의 아들을 믿는 믿음 안에서 사는 자라고 하였지요.(갈 2:20) 주님께서 보증이 되어주지 않으시면 아무 것도 할 수 없음을 깨닫습니다.

그러니, 모든 것에서 주님을 힘입어 말하며, 또 무슨 일이든지 그를 힘입어서 이루어야 한다고 확신합니다.

- 오늘, 제가 살아가게 하시니 감사합니다.
- 오늘, 저에게 살아가도록 의미를 주시니 감사합니다.

저의 삶은 하나님께 감사일뿐이라는 것을 깨닫습니다. 저에게 새 생명을 얻도록 하고, 하나님의 자녀가 되게 하신 주님을 힘입어 감사하게 하시옵소서. 감사를 알기 때문에 감사하기를 원합니다. 만일, 제가 감사해야 함에도 감사를 모른다면 얼마나 어리석은 인생이겠습니까? 저를 구원에 이르게 해주신 그 은혜로 하나님 앞에 세워졌으니 삶의 모든 순간에, 감사하게 하시옵소서.

예수님의 이름으로 기도드립니다. 아멘.

|

엡 5:21

그리스도를 경외함으로

피차 복종하라

Calligraphy design by Butnori

34. 피차 복종하라

하나님 아버지,

성령님의 충만은 천국 백성이 이 땅에서 지내는 동안에 지혜롭게 행동하도록 한다고 깨닫습니다. 그 지혜는 주님을 섬기면서 서로에게 복종하는 삶으로 하나님의 영광을 구한다고 믿습니다. 성령님께의 충만함에서 오는 지혜는 자신에게 신실하도록 하겠지요. 지혜 있는 자, 그는 하나님의 뜻을 분별하여 주님의 사랑을 실천, 충성할 줄로 깨닫습니다. "그리스도를 경외함으로 피차 복종"하기를 좋아하기 때문이지요. 그것은 바로 사랑이라고 여깁니다.

- 서로에게 복종하는 지혜로움에 이르게 한다고 여깁니다.
- 서로에게 희생하는 지혜로움에 이르게 한다고 여깁니다.

주님께서 그리하셨던 것처럼, 자신을 남에게 주어서 기쁘게 한다는 것을 깨닫습니다. 이 진리는 오직 성령님의 충만이 주는 유익이라고 확신합니다.

성령님의 충만하심에 이르지 않고서는 깨닫지 못하지요.

피차 복종의 은혜, 성령님의 충만에 이르러 누리게 하시니 감사합니다. 오늘, 성령님의 강권하심에 순종해서 주님을 경외하게 하시옵소서. 그리고 성령님께 충만하여 피차 복종함에 이르게 하시옵소서.

예수님의 이름으로 기도드립니다. 아멘.

I

행 3:6

은과 금은 내게 없거니와

내게 있는 이것을 네게 주노니

나사렛 예수 그리스도의 이름으로

일어나 걸으라 하고

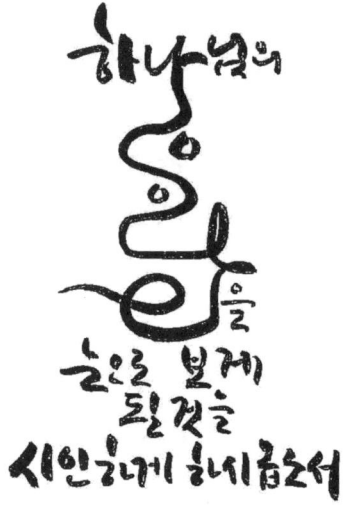

Calligraphy design by Butnori

35. 내게 있는 이것을 네게

하나님 아버지,
저는 어리석게도 오랫동안 성령님을 오해하고 있었다고 깨닫습니다. 이미 성령님께서 저에게도 충만하게 임하여 계신데 다른 사람이 성령님의 능력을 나타내는 것만을 쳐다보았습니다. 저에게서는 성령님의 역사가 없는 것처럼 아주 부러운 눈으로.
하나님께서는 제게 예수님의 이름을 주셨습니다. 그 증거로 기도를 마칠 때마다 "예수님의 이름으로 기도드립니다."라고 맺었지요. 문제는 저에게 주신 주님의 이름을 명사형으로만 달달 외어댔지 주님의 이름을 동사형으로 사용해 본 적이 없었습니다.
- 왜, 저는 그동안에 성령님의 능력을 달라고 졸라대었을까요?
- 왜, 저는 성령님의 능력을 얻으려고 고행을 자처하였을까요?
저에게 성령님의 능력이 있음을 확신합니다. 성령님께 이끌리게 하시옵소서. 이로써 예수님의 이름으로 선포하게 하시옵소서.
예수님의 이름으로 기도를 마쳤으니, 간구한 바대로 이루어질 것을 기다리게 하시옵소서. 하나님의 응답을 눈으로 보게 될 것을 시인하게 하시옵소서.
나아가 저를 대적하는 상황을 향해서 "나사렛 예수 그리스도의 이름으로 사탄아 물러가라."라고 선포하게 하시옵소서.

       예수님의 이름으로 기도드립니다. 아멘.

|

마 6:8(하)

구하기 전에 너희에게

있어야 할 것을

하나님 너희 아버지께서

아시느니라

Calligraphy design by Butnori

36. 너희 아버지께서 아시느니라

하나님 아버지,
자녀를 사랑하는 아버지, 그는 자녀에게 필요한 것을 이미 알고 있다고 깨닫습니다. 그처럼 하늘 아버지께서도 자기 자녀가 무엇을 필요로 하고 있는지를 아시는 줄로 믿습니다. 그래서 자녀가 구하지 않을지라도 주신다고 확신합니다.

이미 성령님께서 저에게 충만하게 임하셨으므로 성령님께서 저를 위하여 하늘 아버지께 간구해 주신다고 생각합니다. 그리고 하나님의 영광을 위해서 성령님께서 능력을 나타내신다는 것을 깨닫습니다. 하늘 아버지의 뜻에 따라 저에게 가장 좋은 상황으로 말입니다.

저에게 영광을 받으시기 위해서 성령님의 일하심을 보게 하시옵소서. 때로는 저에게 신비한 체험에로 들어가게도 하신다고 여깁니다. 그러나 하나님 앞에서 저의 행실보다 성령님의 역사를 우선하게 하시옵소서.

- 이제, 하나님의 알고 계심을 심령에 새겨두게 하시옵소서.
- 아버지로서 자녀에게 역사해 주심을 기대하게 하시옵소서.
- 인위적인 행실(노력, 고행 등)에 의존하지 않게 하시옵소서.

다만, 성령님의 능력이 나타날 것을 기다리게 하시옵소서.

예수님의 이름으로 기도드립니다. 아멘.

|

행 5:39

만일 하나님께로부터 났으면

너희가 그들을 무너뜨릴 수 없겠고

도리어 하나님을 대적하는 자가

될까 하노라 하니

Calligraphy design by Butnori

37. 하나님께로부터 났으면

하나님 아버지,
성령님의 감화와 감동이 '사람 성도'에게 나타날 때 다양하다는 것을 깨닫습니다. 성령님의 임재에 대한 경험이나 현상적인 능력이 성령님께서 역사하는 능력에 따라 여러 모습을 보이는 줄로 믿습니다. 이에, 자기의 경험을 다른 사람에게 고집해서는 안 된다고 여깁니다.
자신이 경험하지 못했던 현상들이 보여 진다 해도 그것에 대하여 판단할 수 없음을 생각합니다. 성령님의 역사는 사람 성도가 헤아릴 수 없는 신비스러움을 갖고 있기 때문이지요. 사람이 어찌 하나님의 역사를 측량하겠습니까?
어떤 행실이 하나님께로부터 났다고 주장해도 그것이 "사람에게서 말미암았다면 무너질 것이요."라고 하신 말씀을 주목합니다. 어떤 행실이 "하나님께로부터 났으면 무너뜨릴 수 없겠고" 라고 하신 말씀을 주목합니다.
이제 저에게 사람이 다양한 것처럼, 성령님의 역사도 다양함에 찬송을 드리게 하시옵소서. 제가 경험해보지 못한 것들을 대하면서 '성령님의 크심' 앞에서 겸손하게 하시옵소서. 경솔하여 하나님을 대적하는 자가 될까 주의하게 하시옵소서.

예수님의 이름으로 기도드립니다. 아멘.

|

고전 12:11

이 모든 일은 같은

한 성령이 행하사

그의 뜻대로 각 사람에게

나누어 주시는 것이니라

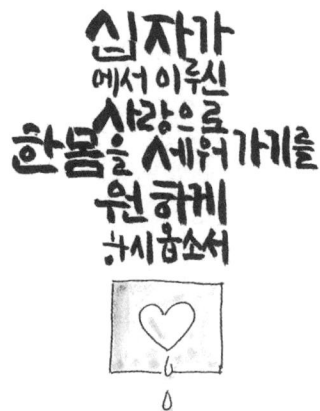

Calligraphy design by Butnori

38. 한 성령이 행하사

하나님 아버지,
교회에서 성령님의 충만하심은 성령님께서 자기의 뜻대로 각 사람에게 나누어 주신다고 깨닫습니다. 이때, '사람 성도'들이 경험하는 성령님의 은사는 교회를 위하여 주시는 줄로 믿습니다.
'사람 성도'들에게 역사하는 다양한 은사들은 공동체에서 한 몸을 이루어 교회를 세워간다고 확신합니다. 하나님께서 교회를 세우시는 것이지요. 그리고 하나님께서는 친히 이때 나타나는 은사들로 영혼을 구원하시고 양육하신다고 생각합니다.
교회를 세우심, 그것은 성령님께서 개개인을 거듭나도록 하시고, 점점 더 거룩하여지게 하시며, 이로써 마침내 교회 전체가 이 땅에서 든든히 세워지도록 하심인 줄로 믿습니다. 그러니,
- 다른 성향의 사람을 향해서 생각이 열려지기를 원합니다.
- 다른 생각의 사람을 향해서 마음이 열려지기를 원합니다.
저에게 없는 것을 갖고 있음을 발견하여 우리를 느끼고, 한 공동체를 이루어 갈 것을 생각하게 하시옵소서. 저보다 다른 것을 갖고 있음을 존경하여, 한 몸으로 세워지는 비전을 갖게 하시옵소서. 십자가에서 이루신 사랑으로 한 몸을 세워가기를 원하게 하시옵소서.

예수님의 이름으로 기도드립니다. 아멘.

I

사 55:8

이는 내 생각이

너희의 생각과 다르며 내 길은

너희의 길과 다름이니라

여호와의 말씀이니라

Calligraphy design by Butnori

39. 내 생각이, 내 길은

하나님 아버지,

어찌 하나님을 이해할 수 있습니까? 만일, '사람 성도'(피조물)가 하나님을 다 안다고 한다면 그것은 교만함입니다. 세상에서는 하나님(창조주)을 다 안다고 할 만큼의 지식이 없는 줄로 믿습니다. 아직도 우리는 하나님을 앎에서 모자라지요.

그렇다면 교회에 나타나는 다양한 모습들에서 우리는 하나님의 위대하심을 찬양할 뿐이라고 여깁니다. 성령님의 강력한 역사로 나타나는 현상들을 경외하는 마음으로 보아야 한다고 여깁니다. '사람 성도'가 탁월한 지식을 갖추었다고 해서 성령님의 역사를 판단할 수 없습니다. 자신의 경험이 성령님의 역사에 대한 전부가 아니니까요. 그래서 성경에 비추어보고, 이제까지의 전통적인 신앙고백으로 살펴보고, 잘못되었다면 바로잡아야 하겠지요.

- 다만, 하나님의 말씀에 비추어 묵상하게 하시옵소서.
- 성령님께서 깨닫게 해주신 데까지만 가게 하시옵소서.

이제부터는 하나님의 생각이 사람의 생각과는 다르다는 것을 기준으로 삼게 하시옵소서. 성령님의 역사를 제한하거나 판단하지 않게 하시옵소서.

겸손히 엎드려 깨달음을 주시기를 기다리게 하시옵소서.

예수님의 이름으로 기도드립니다. 아멘.

|

고전 2:10

오직 하나님이 성령으로

이것을 우리에게 보이셨으니

성령은 모든 것 곧 하나님의

깊은 것까지도 통달하시느니라

성령님께
충만하여
하나님의 깊은 것
곧 주권의 진리에
풍성하게
하시옵소서

Calligraphy design by Butnori

40. 하나님의 깊은 것까지도

하나님 아버지,
'사람 성도'는 성령님께 충만하여 하나님의 뜻을 나타낸다고 깨닫습니다. 성령님께서 충만하게 하시고, 신비하게 여겨지는 것들을 경험하게 하시는 줄로 믿습니다. 죄인이 예수님을 구주로 영접하도록 하는 것, 사람으로서는 할 수 없는 것이라고 여깁니다. 예수님을 믿도록 하시는 성령님이십니다. 하나님을 닮아 거룩하게 살려는 마음을 갖게 하시는 성령님이시지요. 성령님께서 '사람 성도'에게 충만하게 임하심으로 역사하는 일들은 그 누구라도 상상해 볼 수 없는 영역의 너머에 있음을 깨닫습니다.

성령님께서 하나님의 깊은 것까지도 알게 하시니 감사합니다. 그 은총으로 우리가 하나님 앞에서 온전한 모습을 소망하며 살아간다고 확신합니다. 세상에서는 깨닫는 자도 없었고, 하나님을 찾는 자도 없었으나 죄인에게 복음진리를 이해하고 받아들이게 하시지요. 만일, 제가 세상이 주는 영을 받았다면 복음진리를 외쳐도 들으려 하지 않았고, 받아들이지도 못하였을 겁니다.

성령님께서 저에게 복음을 듣게 하시고, 영생의 진리를 깨닫게 하셨습니다. 성령님께 충만하여 하나님의 깊은 것, 곧 구원의 진리에 풍성하게 하시옵소서.

예수님의 이름으로 기도드립니다. 아멘.

요 16:13(상)

그러나 진리의 성령이 오시면

그가 너희를

모든 진리 가운데로

인도하시리니

모든 진리는
예수님으로
말미암은
죄인의 구속과
실재까지
피흘려 죽인
대속의 은혜라고
확신합니다

Calligraphy design by Butnori

41. 모든 진리 가운데로

하나님 아버지,

주님께서는 제자들과 함께 계실 때, 그들이 이해할 수 있는, 곧 깨달을 수 있는 정도만큼만 진리를 가르쳐 주셨다고 깨닫습니다. 그들의 영적인 수준의 분량에서 진리를 나누신 줄로 믿습니다. 그렇지만 그들에게 진리의 성령이 오시면 제자들을 "모든 진리 가운데로 인도하시리니"라고 하셨습니다. 진리의 일부만을 알고 있었던 그들에게 성령님께서 진리의 전부, 곧 '모든 진리'에로 인도해 주신다는 약속이라고 여깁니다. 주님께서 말씀하신 진리는 예수님이시지요.

오늘, 성령님의 충만은 주님을 알고, 믿도록 하는 것이라고 생각합니다. 예수님이 누구이신지를 알도록 하시려고 성령님께 충만하게 하시는 줄로 믿습니다. 모든 진리는 예수님으로 말미암은 죄인의 구속과 십자가에서 피를 흘려주신 대속의 은혜라고 확신합니다.

이 진리를 깨달아 나의 것으로 삼아, 주님의 태도를 배우게 하시옵소서. 주님께서는 "자의로 말하지 않고" 듣는 것을 말씀하셨지요. 저에게도 성령님께서 가르쳐 주시는 모든 진리에 이끌려지게 하시옵소서. 그리고 들려주신 것만을 믿고, 말하게 하시옵소서.

예수님의 이름으로 기도드립니다. 아멘.

|

요 14:26(하)

그가 너희에게

모든 것을 가르치고 내가 너희에게

말한 모든 것을

생각나게 하리라

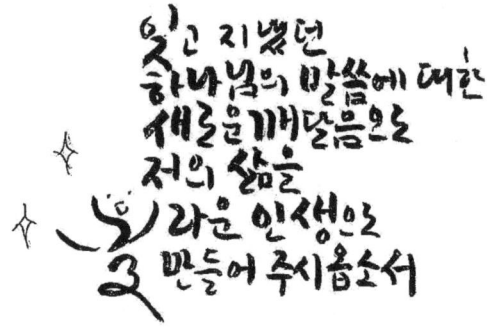

Calligraphy design by Butnori

42. 모든 것을 생각나게

하나님 아버지,
주님과 헤어진 이후, 제자들이 홀로 서야 될 때, 그들은 주님께서 주셨던 말씀으로 지내야 했다고 깨닫습니다. 그들은 주님의 말씀을 기억하고, 그 기억에서 능력을 경험하며 제자 된 삶을 살아야 하였기 때문에 성령님을 보혜사로 보내주신 줄로 믿습니다.
"보혜사 곧 아버지께서 내 이름으로 보내실 성령"이라고 하셨습니다. 무슨 의미입니까? 제자들에게 주님이 위로가 되었듯이 보혜사를 통해서 위로를 받아야 했다는 것이라고 여깁니다. 천국 백성은 오직 보혜사로 위로를 삼아 세상에서 지내야 한다는 것을 깨닫습니다.
성령님은 제자들에게 주님께서 가르쳐 주셨고, 말씀해 주신 모든 것을 생각나도록 하신다고 하셨지요. 두려워하며, 주저할 수밖에 없는 상황에서 빛줄기가 되어 하나를 생각하게 한다면, '바로 그거야!'라고 무릎을 칠 것입니다. 그렇습니다. 그 순간에 경험하는 '바로 그거야'라는 감격스러움은 위로이지요.
잊고 지냈던 하나님의 말씀에 대한 새로운 깨달음으로 저의 삶을 놀라운 인생으로 만들어 주시옵소서. 지금, 제가 들어야만 하는 말씀으로 저의 심령을 흔들어 깨우게 하시옵소서. '여호와 로이'
예수님의 이름으로 기도드립니다. 아멘.

고전 2:4

내 말과 내 전도함이

설득력 있는 지혜의 말로

하지 아니하고

다만 성령의 나타나심과

능력으로 하여

세상사람들에게
자기를 맞추려 하지 않고
성령님께서
강권하시는 대로
따라야 하는 줄로
믿습니다~

Calligraphy design by Butnori

43. 성령의 나타나심과 능력으로

하나님 아버지,
크리스천은 땅에 속한 자가 아니라 하늘에 속하였기 때문에 그의 정신이나 사상도 하늘에 속해 있어야 한다고 깨닫습니다. 주님께서 그러하셨듯이 세상 사람들에게 자기를 맞추려 하지 않고, 성령님께서 강권하시는 대로 따라야 하는 줄로 믿습니다.
"설득력 있는 지혜의 말로 하지 아니하고"라고 한 바울의 말에 방점을 둡니다. 학자였던 바울, 그는 사람에게 자기를 과시할 수도 있었지만 복음을 전하는 현장에서 "성령의 나타나심과 능력으로" 하였다고 했습니다. 그는 참으로 영에 속했다고 여깁니다. 사람들과 어울리려고, 사람들에게 인정을 받으려고, 곧 사람들의 욕구를 충족시키려고 하지 않았던 바울을 배웁니다. 저에게도 성령님께서 충만하심은 '세상의 사람'이 아니라 '성령님께 속한' 사람으로 복음의 증인이 되라 하심이라고 확인합니다.
사람들의 박수갈채에 어떤 관심도 갖지 않았던 바울, 그것이 예수 정신이었다고 깨닫습니다. 주님께서도 사람들의 관심에 마음이 없으셨고, 오직 하늘에서 이루어진 뜻이 땅에서도 이루어지기를 원하셨지요. 성령님께 충만해서 그 강권하시는 대로 나타내게 하시옵소서.

예수님의 이름으로 기도드립니다. 아멘.

I

고전 2:12(하)

이는 우리로 하여금

하나님께서 우리에게

은혜로 주신 것들을

알게 하려 하심이라

제가 세상에서 하나님의 능력으로 지배는 경험하게 하시옵소서

Calligraphy design by Butnori

44. 은혜로 주신 것들을

하나님 아버지,
성령님께 충만하심을 경험할 때, '사람 성도'는 떨지 않을 수 없다고 깨닫습니다. 하나님의 영에 붙들려지면 그 능력의 행사에 따라 사용이 되는 줄로 믿습니다. 하나님의 영이 강권하여 하늘의 정병으로 세우셔서 그 능력으로 역사하신다고 생각합니다.
그러니, 성령님의 역사 앞에서는 누구라도 떨게 되지요. 약하고, 능력이 없는 순간이라 해도, 성령님께 충만하시면 일으켜 세워지기 때문입니다. 하나님의 능력이 있게 하심을 확인합니다. 주님의 병기가 되어 그 능력의 역사하심에 따라 행사하게 하심이라고 깨닫습니다.
- 성령님께서 그 능력을 저에게서 나타내어 주심을 확신합니다.
- 성도로 세워진 저는 성령님의 능력이라는 것을 확신합니다.
자기 백성이 세상에서 구별되어 성도로 세워지도록 성령님께서 충만하심을 깨닫습니다. 자기 백성에게 나타난 성령님의 능력이 능히 성도로 살아가게 한다고 생각합니다. 하나님의 능력이지요.
오, 제가 세상에서 하나님의 능력으로 지냄을 경험하게 하시옵소서. '사람 성도'의 의지나 노력이 아니라 하나님의 능력이 성도로 살아가게 하심을 즐거워하게 하시옵소서.

예수님의 이름으로 기도드립니다. 아멘.

엡 5:3

음행과 온갖 더러운 것과

탐욕은 너희 중에서

그 이름조차도 부르지 말라

이는 성도에게 마땅한 바니라

하나님의 백성이
성령님께 자신을 드려
순복해야 되는
이유가
거룩함에
이르게 위함이라는 것을
깨닫습니다

Calligraphy design by Butnori

45. 음행과 더러운 것과 탐욕은

하나님 아버지,
하나님의 백성이 성령님께 자신을 드려 굴복해야 되는 이유가 거룩함에 이르기 위함이라는 것을 깨닫습니다. 음행, 온갖 더러운 것, 탐욕을 멀리하는 것이 거룩함인 줄로 믿습니다.
'음행', 성행위에 대한 묘사로서 합법적인 결혼관계 밖에서 남자와 여자가 저지르는 죄입니다. 결혼관계 밖에서의 성행위는 자기의 몸에 죄를 짓는 것이라고 깨닫습니다.
'온갖 더러운 것', 모든 종류의 더러운 악들을 가리킵니다. 죄악된 것으로 말미암아 생각과 감정이 더러워지는 것에서 시작하여, 말이나 행위의 불결까지 더러운 악들을 포함한다고 깨닫습니다.
'탐욕', 더 가지려는 마음이라고 여깁니다. 자신이 소유하는 것에 만족하지 않고, 더 가짐으로써 자기를 과시하려는 것이 탐욕이지요. 하나님을 알려 하지 않고, 하나님 없이 사는 자들의 마음가짐이지요.
'사람 성도'는 음행과 온갖 더러운 것과 탐욕을 거절하고 성령님의 충만함에 이르러야 하는 줄로 믿습니다. 그러니, 성령님의 충만을 사모하게 하시옵소서. 저의 마음을 성령님께서 채워 주시옵소서. 이로써 성령님의 능력으로 거룩함에 이르게 하시옵소서.

예수님의 이름으로 기도드립니다. 아멘.

엡 5:4

누추함과 어리석은 말이나

희롱의 말이 마땅치

아니하니 오히려

감사하는 말을 하라

Calligraphy design by Butnori

46. 마땅치 아니하니

하나님 아버지,
자신이 하늘에 속한 사람이라는 증거는 '마땅함'으로 확인이 된다고 깨닫습니다. 하나님의 자녀로 구별된 사람에게는 성령님께서 거룩함에 반대 되는 행실을 멀리하게 해 주실 줄로 믿습니다. 성령님의 충만함은 먼저 누추함, 곧 성도로서 자신의 행실에 단정하지 못함을 거절하게 하신다고 깨닫습니다.

그리고 전에는 습관적으로 즐기던 어리석은 말 - 희롱의 말, 곧 육체적인 쾌락을 즐겼던 말을 피하도록 한다고 여깁니다. 행실과 말은 사람을 세워준다고 생각합니다. 하나님 앞에서 마땅하다면 하나님의 사람으로 세워지고, 그렇지 않다면 남들로부터 성도라 불리어도 거룩함에 이르지 못하겠지요.

오늘, 자신을 성도로 세워주는 첫째 행동이 '감사하는 말'임을 배웁니다. 모든 것에서 하나님을 인정하여 그에게 감사하고, 또한 자신에게 선을 베푼 사람에게 감사해야 한다는 것이지요. '감사'함이 하나님을 인정하는 행실이라고 확인합니다.

성령님께서 이끌어주심에 민감해서 마땅하지 않은 것들은 거절하게 하시옵소서. 그리고 거절한 그 자리를 감사로 채우게 하시옵소서.

예수님의 이름으로 기도드립니다. 아멘.

|

엡 5:15

그런즉 너희가 어떻게 행할지를

자세히 주의하여

지혜 없는 자 같이 하지 말고

오직 지혜 있는 자 같이 하여

성도는
세상에서 지내는 동안에
자기의 행실도
지혜있는 자인지 아닌지를
나타낸다는 것을
기억하게 하시옵소서

Calligraphy design by Butnori

47. 오직 지혜 있는 자

하나님 아버지,

천국 백성이 세상에서 자기의 위치를 잃지 않으려면 지혜로워야 합니다. 그리고 성령님께서는 충만하심으로 성도에게 악한 세상에서 지혜롭게 하시는 줄로 믿습니다. 그러므로 자신이 "어떻게 행할지를 조심해서 주의하라."고 하셨다고 여깁니다.

지금, 우리가 사는 세상은 악하여 불신자는 물론, 신자마저도 세속화시키려 합니다. 세상의 죄악 된 유행과 풍조를 따르게 하여 하나님의 자녀를 죄에 빠뜨리려 하지요. 물질적 탐욕과 육신적 쾌락에 불을 질러 거룩함에서 떨어지게 한다고 봅니다.

오늘, 성도는 세상에서 지내는 동안에 자신의 행실로 지혜 있는 자인지 아닌지를 나타낸다는 것을 기억하게 하시옵소서. 성도를 성령님으로 충만하게 하시옵소서. 성도다운, 빛의 자녀다운, 구원 받은 자다운 행실을 취하게 하시옵소서.

혹시라도 어리석음으로 성도답지 않은, 어두움의 사람들 같은, 세상 사람들 같은 그릇된 행실을 선택한다면 하나님께 진노의 대상이 될 것입니다. 하나님을 영화롭게 해드려야 될 성도가 도리어 진노의 대상이 된다면 사탄이 좋아할 것입니다. 성령님께 충만하여서 죄악된 것들은 모양이라도 거절하게 하시옵소서.

예수님의 이름으로 기도드립니다. 아멘.

|

행 6:3

형제들아 너희 가운데서

성령과 지혜가 충만하여

칭찬 받는 사람 일곱을 택하라

우리가 이 일을 그들에게 맡기고

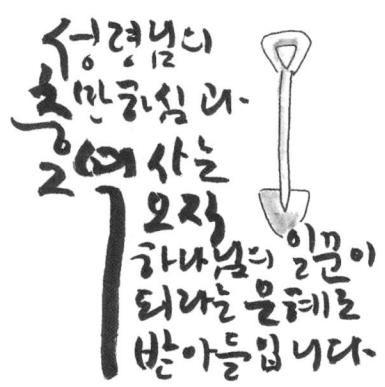

Calligraphy design by Butnori

48. 칭찬 받는 사람 일곱

하나님 아버지,

성령 충만함으로 교회를 세우신 하나님께서는 지금도 교회를 세우신다고 깨닫습니다. "성령과 지혜가 충만했던 사람들은 예루살렘 교회를 든든하게 하는 일꾼들이었다고 믿습니다. 하나님께서 교회를 세우시려 그들에게 성령과 지혜를 충만하게 하셨지요. 하나님의 교회를 세우시는 원리는 지금도 똑같다고 여깁니다. 누가 하나님의 마음을 알겠습니까? 그리고 누가 하나님께 신실해서 교회에 일꾼이 되겠습니까? 성령과 지혜가 충만하도록 하나님께서 선택해주신 종들이라고 여깁니다.

지금도 일꾼으로 구별될 사람에게 성령과 지혜로 충만하게 하시는 줄로 믿습니다. 성령님께 충만하여 나타난 능력은 교회 앞에 지혜로움이 된다고 여깁니다. 거기에서 교회가 든든해지지요.

성령님의 충만하심과 그 역사는 오직 하나님의 일꾼이 되라는 은혜로 받아들입니다. 성도 개인의 삶보다는 하나님의 나라를 이루어가고, 그 나라를 확장시키는데 동력으로 사용되도록 하심이라고 확신합니다.

성령님의 충만하심의 의미가 하나님을 영화롭게 해드림에 있음을 깨닫고, 성실한 일꾼이 되겠노라 결단하게 하시옵소서.

예수님의 이름으로 기도드립니다. 아멘.

|

행 6:8

스데반이 은혜와 권능이 충만하여

큰 기사와 표적을

민간에 행하니

Calligraphy design by Butnori

49. 큰 기사와 표적을

하나님 아버지,

일곱 사람 중에, 한 사람인 스데반은 "은혜와 권능이 충만하여" 선한 영향력을 끼쳤다고 깨닫습니다. 그리하여 "큰 기사와 표적을 민간에 행하니"라고 기록된 줄로 믿습니다. 성령님께서 스데반 안에 계심으로써 그를 사용하여 일하셨다고 여깁니다.

예루살렘 교회는 성령님의 역사가 불꽃처럼 타올랐다고 믿습니다. 성령님의 능력으로 교회가 세워져야 하였으니까요. 스데반은 교회를 위해 자신을 불태웠다고 확인합니다. 오늘의 교회에도 성령님께 자기를 드리는 일꾼이 나오기를 원합니다.

당시에 스데반은 그 누구도 감당하지 못했다는 것에 감격합니다. 사실, 사람(피조물)이 어찌 성령님(창조주)의 역사에 맞설 수 있습니까? 당시에, 스데반과 변론했던 자들은 그의 "지혜와 성령으로 말함을 그들이 능히 당하지 못하였"지요.(행 6:10)

- 성령님께서 그의 심령을 뜨겁게 하셨기 때문이라고 여깁니다.
- 하늘로부터 오는 지혜에 세상이 맞서지 못하다고 여깁니다.

뜻이 하늘에서 이룬 것 같이 땅에서도 이루어지기를 원하는 교회에 "은혜와 권능이 충만하게" 하시옵소서. 성령님께 충만한 일꾼들이 세워져 "큰 기사와 표적을 민간에" 행하게 하시옵소서.

예수님의 이름으로 기도드립니다. 아멘.

|

행 7:55

스데반이 성령 충만하여

하늘을 우러러 주목하여

하나님의 영광과 및 예수께서

하나님 우편에 서신 것을 보고

Calligraphy design by Butnori

50. 하늘을 우러러 주목하여

하나님 아버지,

영적 전투를 치루는 교회는 거룩을 위협하는 세상에 대하여 전혀 굴하지 않아야 된다고 깨닫습니다. 교회는 세상을 향해서 두 팔을 벌리지만 동시에 세상이 교회를 더럽히려 할 때, 성령님께 충만하여 그 능력으로 단호하게 물리쳐야 할 줄로 믿습니다.

자기를 대적하여 죽이려는 사람들, 그 살벌한 위협에도 눈을 꿈쩍하지 않고, 그리스도를 증거 했던 스데반을 기억합니다. 하나님을 신뢰하여 사자와 같이 담대했던 스데반, 성령 충만함의 모델이라고 깨닫습니다.

오늘, 주님과 교회를 대적하는 세상을 향해 헤치고 나아가라고 성령님께 충만하게 하시지요. 크리스천을 가슴 졸이게 하는 상황에서도 여호와 닛시의 깃발을 들고 나아가게 하신다고 여깁니다. 살아계신 하나님, 다윗이 고백했던 것처럼, "주께서 내 원수의 목전에서 내게 상을 차려 주시고"(시 23:5)라고 증언하게 하실 것을 믿습니다.

성령님께 온전히 붙들려져서 원수에게 대항을 하고, 그 앞에서 차려주시는 식탁에 앉게 하시옵소서. 오직 성령님께 충만해져서 주님과 교회를 위하여 하나님의 뜻대로 사용되게 하시옵소서.

예수님의 이름으로 기도드립니다. 아멘.

I

롬 8:29(상)

하나님이 미리 아신 자들을

또한 그 아들의 형상을

본받게 하기 위하여

미리 정하셨으니

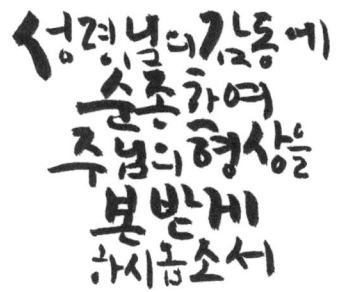

Calligraphy design by Butnori

51. 그 아들의 형상을 본받게

하나님 아버지,

성령님께서 하늘 백성에게 충만하게 임하심은 죄로 말미암아 훼손된 하나님의 형상을 새롭게 하시려는 이유라고 깨닫습니다. '사람 성도'가 예수님을 믿어, 의의 자녀가 되겠다는 결단으로는 그가 의에 이르지 못하는 줄로 믿습니다. 성령님께서 영을 새롭게 해주셔야지요.

하나님께서 세상을 지으시고, 만물을 지어 그 안에 두셨을 때, 그 만물과 달리 사람에게는 하나님의 형상을 넣어주셨다는 사실에 감격스럽습니다. 사람은 땅의 있는 모든 것들과는 구별되었지요. 그리고 아주 독특한 구별이 있는데, 하나님과 교제하게 되었다는 것이지요. 이 땅에 있는 모든 것들은 지어질 때, 받은 생존의 본능으로 존재하지만 사람에게는 하나님의 형상이 있어서, 하나님과 함께 하게 되었다는 것을 깨닫습니다.

성령님께의 충만함으로 천국 백성으로 살기 원합니다. 사실, 크리스천이 이 땅에서 살아가는데 요구되는 것들은 계시의 완성으로 충족되었다고 여깁니다. 우리가 하나님께 구할 것은 더 이상 없다고도 생각합니다. 성령님께 충만함으로 순종되면 되지요. 성령님의 감동에 순종하여 주님의 형상을 본받게 하시옵소서.

예수님의 이름으로 기도드립니다. 아멘.

|

왕상 19:13(하)

소리가 그에게 임하여

이르시되 엘리야야

네가 어찌하여 여기 있느냐

크리스천이 경험하는
성령님의 임재는
주님의
늘 나 곁에 계신 줄로
믿습니다

Calligraphy design by Butnori

52. 소리가 그에게 임하여

하나님 아버지,
자기 백성이 낙담으로 떨어졌을 때, 그를 나무라지 않고, 품어주면서 위로하시는 성령님의 은혜를 깨닫습니다. 성령님의 임재는 '하나님의 위로와 격려'인 줄로 믿습니다. "네가 어찌하여 여기 있느냐"는 말씀에서 엘리야를 향한 자비를 보여주셨지요.
세상을 향해서 빛과 소금으로서 살지만 때로는 세상을 대적해야 하는데, 그 세력에 눌려서 두려움이 밀려오고 낙담에 이른다고 여깁니다. 그때, 성령님의 임재를 경험하게 하시고, 자신의 흔들렸던 정체성을 붙잡도록 해주시지요. 세미한 소리로 들려졌던 하나님의 음성은 엘리야를 일으켜 주었다고 여깁니다.
성령님의 충만하심이라고 생각합니다. 사람이 경험하기 어려운, 어떤 신비함에 이르는 체험이 아니라 자신을 알게 하시며 소생케 하심, 그것이 성령님의 역사라고 깨닫습니다.
- 성도에게 이 땅에서 지내도록 해주시지요.
- 낙담에서 소성케 함을 누리게 해주시지요.
오늘, 저에게 엘리야가 동굴 속에서 경험했던 세미한 소리를 들려주시옵소서. 그 소리로 다시 일어나 세상을 향해서 들어가게 하시옵소서. 하나님께서 주신 사명을 이행하게 하시옵소서.

예수님의 이름으로 기도드립니다. 아멘.

|
행 20:22

보라 이제 나는 성령에 매여

예루살렘으로 가는데

거기서 무슨 일을

당할는지 알지 못하노라

53. 이제 나는 성령에 매여

하나님 아버지,

환난과 핍박이 자신을 기다리고 있다면 두려워해야 하는데, 바울은 오히려 담대해졌다고 깨닫습니다. 성령님의 충만함으로 사명 감당에 대한 확신을 갖게 한 줄로 믿습니다. 성경의 기록과 교회사에서 보여준 믿음의 선진들의 이야기도 그러하였지요.

하늘로부터 임한 성령님의 충만은 자신의 목숨과 바꾸도록 하였다고 여깁니다. 결박과 환난이 기다린다고 하면서도 자신의 달려갈 길과 주 예수께 받은 사명을 감당하려 했다고 깨닫습니다. 무엇이 크리스천에게 자신의 목숨을 두려워하지 않게 합니까? 성령님의 충만, 곧 성령께 매임의 체험이라고 확인합니다.

성령님의 충만은 크리스천에게 심령에서부터 매임을 경험하도록 하지요. 그래서 성령님의 강권을 인정하여 "주 예수께 받은" 사명 감당을 결단하게 한다고 여깁니다. 만일, 성령님의 충만하심이 없다면 환난과 핍박이 두려워서 숨어들어가고 말 것입니다. 오늘, 바울의 결단을 저의 것으로 삼아 저도 성령에 매이게 하시옵소서. 저에게 사명으로 주신 십자가, 제가 져야만 하는 십자가에서 뒤로 물러나지 않게 하시옵소서. 사명의 감당이 죽음의 길이라면, "죽는 것도 유익함이라."고 고백하게 하시옵소서.

예수님의 이름으로 기도드립니다. 아멘.

|

행 27:22

내가 너희를 권하노니

이제는 안심하라 너희 중 아무도

생명에는 아무런 손상이 없겠고

오직 배뿐이리라

Calligraphy design by Butnori

54. 이제는 안심하라

하나님 아버지,
유라굴로 광풍의 대작에서 공포에 빠진 사람들은 두려움으로 인해 자제력을 잃었다고 깨닫습니다. 그렇지만 하나님의 사자가 들려준 말로 바울은 평정을 잃지 않고, 담대해진 줄로 믿습니다. 그가 경험했던 하나님의 사자의 나타남은 성령님의 역사였지요.
광풍의 위협은 배를 탄 이들에게 목숨을 잃음에 대한 두려움에, 자기들의 짐을 바다에 던지도록 했다고 여깁니다. 인생에게 가장 두려운 것은 목숨을 잃는 것이니까요.
바울의 담대함, 그것은 성령님을 경험함이었다고 확인합니다. 성령님께서는 그에게 보호해주시겠다는 약속과 그에게 앞으로의 비전을 갖게 하셨다고 여깁니다. "바울아 두려워하지 말라 네가 가이사 앞에 서야 하겠고." 이 말보다 바울에게 용기를 준 것이 있었겠습니까?
오늘, 바울이 한 결단을 저의 것으로 삼게 하시옵소서. "나는 내게 말씀하신 그대로 되리라고 하나님을 믿노라." 이 고백은 성령님의 임재에 대한 바울의 응답이라고 깨닫습니다. 사실, 저도 살아가는 순간, 순간에 성령님께서 강하게 역사하심을 경험했는데, 응답에 소홀했습니다. 앞으로는 성령님께 응답하게 하시옵소서.

예수님의 이름으로 기도드립니다. 아멘.

|

고후 12:9(상)

나에게 이르시기를

내 은혜가 네게 족하도다

이는 내 능력이 약한 데서

온전하여짐이라 하신지라

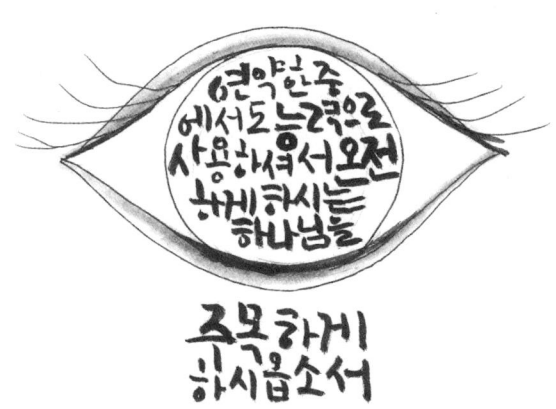

Calligraphy design by Butnori

55. 네게 족하도다

하나님 아버지,

자신의 육체에 가시가 있음을 고백했던 바울, 그가 말한 가시는 견디기 힘든 고통을 겪게 하는 육체적인 질병이라고 깨닫습니다. 그는 자신의 고통에서 벗어나기를 원하여 간구를 했지만 그의 고통은 여전했던 줄로 믿습니다. 세 번의 간구에도 여전하였지요. 그의 반복된 간구에도 하나님의 응답이 없는 것 같았지만 하나님께서 그에게 찾아오셨다고 여깁니다. "내 은혜가 네게 족하도다." 바울의 심령에 말씀을 듣게 하셨습니다. 바울의 요청과는 다른 깨달음, 곧 성령님의 충만하심으로 말미암은 경험이었지요.

하나님께서 바울에게 육체의 가시를 주셨다면 육체의 가시가 없는 것이 곧 하나님의 은혜는 아니라고 깨닫습니다. 그에게는 오히려 육체의 가시가 하나님의 은혜의 표시였지요. 역시 크리스천에게도 고난은 하나님께서 징계하시는 표시가 아니고, 그를 정금같이 단련시키시는 그의 사랑의 표시라고 여깁니다.

바울이 육체적 가시로 연약할 때, 하나님의 능력이 온전히 나타남에서 감격스럽습니다. 저는 어떠합니까? 역시 저에게도 연약함이 있는데, 부끄러워하지 않게 하시옵소서. 연약한 중에서도 온전하게 하시는 하나님을 주목하게 하시옵소서.

예수님의 이름으로 기도드립니다. 아멘.

|

마 20:34

예수께서 불쌍히 여기사

그들의 눈을 만지시니

곧 보게 되어

그들이 예수를 따르니라

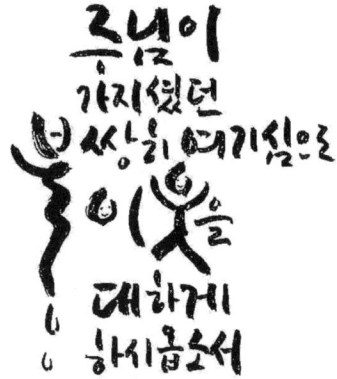

Calligraphy design by Butnori

56. 불쌍히 여기사

하나님 아버지,

사람을 지으실 때, 하나님의 형상과 모양을 따라서 지, 정, 의를 가진 인격체로 창조되었다고 깨닫습니다. 지, 정, 의를 가짐으로 온전한 인격체로 지어진 줄로 믿습니다. 그러므로 인생이 되도록 한 요소 중에 어느 하나도 무시해서는 안 된다고 생각합니다.

주님께서는 공생의 시간에, 가엾은 이들에 대하여 민망히 여기신, 곧 불쌍히 여기신 경우가 많으셨다고 여깁니다. 주님의 감정으로 그들을 대해주셨다고 깨닫습니다. 그리고 그 감정을 통해서 인생에게 요구되는 것을 해결해 주셨지요.

사람의 감정은 하나님께로 나아가도록 하는 문과도 같음을 경험합니다. 성령님께서 충만하심으로 나타내시는 능력도 감정으로 경험하는 줄로 믿습니다. 말씀과 기도, 찬양의 응답이 감정의 경험이라고 여깁니다.

오늘, 제가 성경을 읽을 때, 감정으로 접촉하게 하시옵소서. 성령님의 충만하심이 저의 마음에 깊게 들어올 때, 감정으로 결단하게 하시옵소서. 저를 불쌍히 여겨 주실 뿐만 아니라, 저를 사용하시겠다고 일을 맡겨주실 때, 감정으로 받아들이게 하시옵소서. 주님이 가지셨던 불쌍히 여기심으로 이웃을 대하게 하시옵소서.

예수님의 이름으로 기도드립니다. 아멘.

|

요 14:16

내가 아버지께 구하겠으니

그가 또 다른 보혜사를

너희에게 주사 영원토록

너희와 함께 있게 하리니

지금
저에게 임했던
성령님께서
저를 떠나지 않으시고
제안에서 함께

해주시는 줄로
깨닫습니다

Calligraphy design by Butnori

57. 또 다른 보혜사를

하나님 아버지,

주님은 제자들에게 그들을 고아와 같이 버려두지 않으시겠다는 약속을 주셨다고 깨닫습니다. 주님께서 그들에게서 떠나시면 성령님을 보내주시겠다고 약속하신 줄로 믿습니다.

당시, 제자들은 언제나 주님과 함께 했다고 여깁니다. 그들이 두려워 할 때, 곤경에 처했을 때, 귀신을 쫓아낼 수 없었을 때 주님께서 해결해 주셨지요. 주님의 계심은 그들에게 도움이었고, 평안이었다고 확인합니다.

그리하셨던 주님께서 그들의 곁을 떠나기 전에 하나님께 구해주시겠다고 하셨습니다. 그것은 또 다른 보혜사를 주시겠다는 약속이셨지요.

그 보혜사는 제자들에게서 떠나지 않고, 영원히 함께 있게 하시겠다고 하셨습니다. 영원히 계심은 성령님이라고 확신합니다.

이 말씀이 오늘, 저를 감격시킵니다. 그래서 지금, 저에게 임했던 성령님께서 저를 떠나지 않으시고, 제 안에서 함께 해 주시는 줄로 깨닫습니다.

오오, 성령님께 감격합니다. 제가 누구이며, 무엇이라고 보혜사가 되어 저를 도와주십니까? 성령님께 감사하게 하시옵소서.

예수님의 이름으로 기도드립니다. 아멘.

요 16:13(상)

그러나 진리의 성령이 오시면

그가 너희를

모든 진리 가운데로

인도하시리니

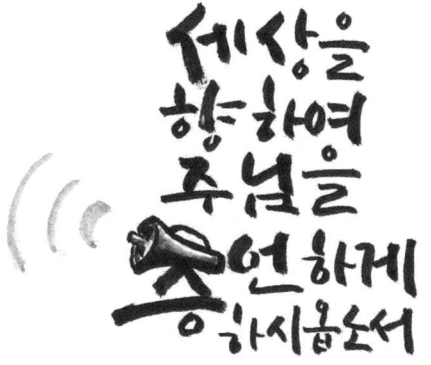

Calligraphy design by Butnori

58. 진리 가운데로 인도

하나님 아버지,

인생은 삶의 여로를 코치해 줄 스승이 필요하고, 크리스천에게는 진리로 이끌어 줄 인도자가 필요하다고 깨닫습니다. 주님께서 약속하신 '오실 보혜사'가 진리로 이끌어 주심을 믿습니다.

성령님께서는 성도가 천국 백성으로 지내도록 이끄신다고 생각합니다. 성령님께서 이끌어 주심, 그것은 감격이라고 여깁니다.

당시의 제자들에게는 그들을 인도해줄 사람이 당연히 필요하였지요? 공생의 시간에 주님께서 하신 것은 제자들을 진리 가운데로 인도하심이셨다고 깨닫습니다.

마가의 다락방에 모였던 제자들, 오순절에 성령님의 강력한 임재를 경험하면서 그들은 폭발적인 사람들이 되었다고 깨닫습니다. 성령님께서 진리로 인도하시면서 그들은 자신들을 핍박했던 자들 앞에서 담대히 복음을 증거하였고 놀라운 일들을 보였습니다. 제자들을 복음의 증인 되게 하였던 '또 다른 보혜사'의 능력은 오늘의 교회와 성도에게 이어졌다고 생각합니다.

이에, 성령님께서 충만하게 임재하심을 통해서 저를 인도하시고, 복음의 증인으로 세상에 파송해 주시옵소서. 세상을 향해서 주님을 증언하게 하시옵소서.

예수님의 이름으로 기도드립니다. 아멘.

|

행 2:14

베드로가 열한 사도와 함께

서서 소리를

높여 이르되 …

내 말에 귀를 기울이라

Calligraphy design by Butnori

59. 서서 소리를 높여

하나님 아버지,

신앙자는 자신이 믿음의 사람이라는 것을 세상을 향해 증거하는 것이라고 깨닫습니다. 하늘 아버지의 자녀로서 세상에 대하여 자신이 천국 백성임을 나타내어야 하는 줄로 믿습니다. 그 때, 하나님을 영화롭게 해드리며, 자신이 신앙자라는 확신을 갖겠지요.

"소리를 높여 이르되," 그렇습니다. 베드로는 당시에, 사람들을 향해서 소리를 높여 예수는 그리스도라고 증거하였습니다. 그 증거로 말미암아 자신이 주님에 대하여 확증하였다는 것을 보인 것이지요. 신앙은 명사형 아니고 동사형이라고 확인합니다.

오늘, 저에게 요구되는 것을 깨닫게 하시옵소서. '서서,' 성령님의 충만하심을 느낄 때, 사람들 앞에 서게 하시옵소서. 담대히 설 때, 저 자신이 용기를 누리고 입술을 열게 된다고 생각합니다. 이어서 소리를 높이게 하시옵소서.

믿음은 자신이 믿는 것에 대한 실재이지 설명이 아님을 생각합니다. "내 말에 귀를 기울이라." 주님께 대한 저의 믿음을 세상에 선언하게 하시옵소서. 때로는 저의 신앙을 나타내기 위해서 몸으로 보이게 하시옵소서. 예수님이 구주시라는 것을 행실로 증언하게 하시옵소서.

예수님의 이름으로 기도드립니다. 아멘.

행 2:33

하나님이 오른손으로 예수를 높이시매

그가 약속하신 성령을 아버지께 받아서

너희가 보고 듣는 이것을

부어 주셨느니라

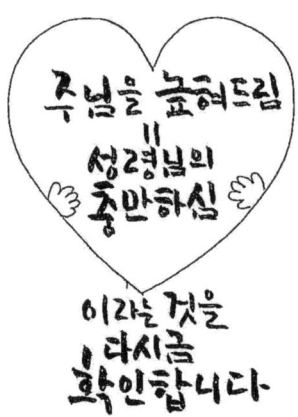

Calligraphy design by Butnori

60. 성령을 아버지께 받아서

하나님 아버지,
"예수를 높이시매," 하나님께서 예수님을 높여주시자, 주님께서 성령을 제자들에게 부어 주셨다고 깨닫습니다. 영광을 받으신 주님, 그때, 하나님께로부터 성령을 받아 세상에 보내주신 줄로 믿습니다.

예수님을 구주로 영접했다는 사실은 자신이 주님께 종이 되었다는 것을 인정하는 것이라고 깨닫습니다. 예수님 = 주님은 결코 호칭의 명사가 아니라 실제적이지요. 크리스천이 예수님을 주님이라 부름은 곧 자신이 그분께 종이 되었다는 것입니다.

주의 제자들처럼 예수님은 저에게도 주님이시라고 고백합니다. 그런데 사실은 그와 정반대, 제가 '주'가 되고, 주님을 '종'처럼 대하려 하지는 않았는지요? 믿음이라는 것을 빌어서 또는 기도라는 수단을 빌어서 주님을 종으로 부리려 하지는 않았는지요?

주님을 높여드림 = 성령님의 충만하심이라는 것을 다시금 확인합니다. 이 거룩한 비밀을 깨닫게 하시니 감사합니다.

저에게 주님을 높여드리게 하시옵소서. 찬송으로 주님을 높여 드리게 하시옵소서. 기도로 주님을 높여 드리게 하시옵소서. 제가 믿는 예수님을 증언하므로 주님을 높여 드리게 하시옵소서.

예수님의 이름으로 기도드립니다. 아멘.

|

롬 1:16(상)

내가 복음을 부끄러워하지

아니하노니 이 복음은

모든 믿는 자에게 구원을 주시는

하나님의 능력이 됨이라

Calligraphy design by Butnori

61. 믿는 자에게 구원을

하나님 아버지,
크리스천은 이 땅에서 살아가는 동안에 예수님이 누구이신지를 전해야 한다고 깨닫습니다. 하늘에서 이루어진 일이 땅에서도 이루어지고 있음을 증거 해야 하는 줄로 믿습니다. '예수는 주'라고 소리를 높일 때, 사탄의 역사가 물리쳐질 것입니다.
세상적인 힘과 인간적인 능력을 초월하는 기적의 역사, 그것은 주님의 이름을 높여드림에서 나타난다고 확신합니다. 주님의 이름이 전해질 때, 세상에서 성령님의 능력이 나타나고, 주님의 주님이 되심을 보여주실 겁니다. 오늘도 주님을 전하게 하소서!
하나님의 백성이 주님을 전하지 않고, 세상의 방법으로 살아가려 한다면 실패하고 만다는 것에 동의합니다. 하늘에 속한 교회가 조직을 운영하는 방법으로 유지하려 한다면 폐쇄되고 만다는 사실에 동의합니다. 성도와 교회는 하나님의 것이기 때문이지요.
세상을 향해 주님의 이름을 외치게 하시옵소서. 오늘, 제일 먼저 만나는 사람에게 '제가 믿고 있는 예수님'을 전하게 하시옵소서. 하나님이 저에게 아버지이시라는 것을 알리게 하시옵소서. 성령님께서 저에게 어떻게 하셨는지를 전하게 하시옵소서. 그리하여 제가 하나님의 자녀로 살아가고 있음을 증언하게 하시옵소서.

예수님의 이름으로 기도드립니다. 아멘.

|

엡 1:13

그 안에서 너희도 진리의 말씀

곧 너희의 구원의 복음을 듣고

그 안에서 또한 믿어

약속의 성령으로 인치심을 받았으니

Calligraphy design by Butnori

62. 듣고 그 안에서 믿어

하나님 아버지,

성도는 이 땅에서 천국 백성으로 지내도록 삶의 길로 주신 성경을 갖고 지내야 한다고 깨닫습니다. 자신의 삶에 성경이 아닌 것을 끌어들여서는 구원에 이르지 못할 줄로 믿습니다. 성경에 약속된 진리를 따를 때 성령님의 충만하심도 누린다고 여깁니다.

자신에게 근거는 하나님의 말씀이어야 함을 다시 확인합니다. 성경에 기록되어 있지 않는 것을 진리로 삼을 때, 구원의 길에서 벗어나지요. 즉흥적으로 떠 오른 자신의 생각, 순간적으로 가슴을 뜨겁게 하는 흥분 따위에 의존하지 않아야 됨을 깨닫습니다.

저를 돌아봅니다. 과연 저는 성경을 저의 심령에 도서관으로 삼고 있는지요? 부지런히 땅을 경작한 사람이 열매를 얻듯이 진리의 말씀으로 심령을 기경하게 하시옵소서. 심령의 고랑마다 말씀의 씨앗을 심게 하시옵소서. 이로써 진리에 서게 하시옵소서.

저의 심령이 진리로 경작되지 않으면, 어리석은 궤변이 잡초가 되어 심령을 덮을 것입니다. 유혹을 분별하지 못하여 죄에 자신을 내어주기도 할까 두렵습니다.

제가 쓰러지지 않는 유일한 방법은 성경에 붙들림이라고 확신합니다. 말씀을 사모하여 늘 읽고 진리로 풍성해지게 하시옵소서.

예수님의 이름으로 기도드립니다. 아멘.

|
행 13:52

제자들은 기쁨과

성령이 충만하니라

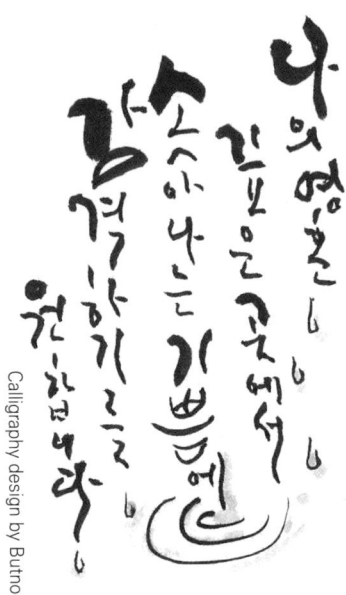

63. 기쁨과 성령이

하나님 아버지,

성령님께 충만한 성도에게는 그의 심령에서 생수의 강이 흘러나와 기쁘게 한다고 깨닫습니다. 세상이 주는 기쁨이 아니라 심령의 깊은 데서 피어오르는 기쁨인 줄로 믿습니다. 그 기쁨은 하늘로부터 임하여 무엇으로도 막을 수 없다고 여깁니다.

세상에서는 기쁨을 갖게 하는 방법들이 많지요. 긍정적으로 자신을 바라본다거나 자신에게 최면을 건다든지, 또는 자기 암시를 강조한다고 봅니다. 이런 기쁨은 영적인 생명에는 아무런 유익도 되지 않는다고 깨닫습니다. 자기를 속임에 불과할 뿐이지요.

오, 저에게 성령님의 충만함에서 선물로 받는 기쁨을 사모하게 하시옵소서. 그리고 그 기쁨을 유지하기 위해서 계속해서 기쁨에 타오르게 하시옵소서. 성령님께 자신의 영을 맡겨 그 은혜의 불꽃에 태워지게 하시옵소서.

저에게 베풀어 주셨던 시간들을 기억하면서 거기에서 은혜를 찾아내게 하시옵소서. 저와 함께 하시면서 도우셨던 사건들에서 주님의 이름에 찬양을 드리게 하시옵소서. 저를 지탱하도록 힘이 되었던 말씀을 소리를 높여서 암송하게 하시옵소서.

감사와 찬송을 드리고 말씀의 약속을 심령에 두게 하시옵소서.

예수님의 이름으로 기도드립니다. 아멘.

|

살전 1:8(하)

하나님을 향하는 너희

믿음의 소문이 각처에

퍼졌으므로 우리는

아무 말도 할 것이 없노라

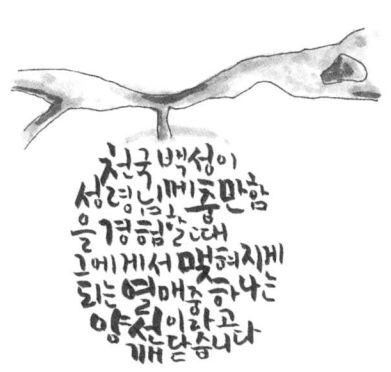

Calligraphy design by Butnori

64. 너희 믿음의 소문이

하나님 아버지,
천국 백성이 성령님께 충만함을 경험할 때, 그에게서 맺혀지게 되는 열매 중에 하나는 양선이라고 깨닫습니다. 착한 일! 토브! 성령을 나타내심은 유익하게 하려 함인 줄로 믿습니다. 성령님의 충만으로 성도들 개인과 교회 공동체가 자라간다고 확신합니다. 성령님의 강권에 순종해서 맺어지는 열매는 공동체에 영향이 되어준다고 생각합니다. 데살로니가 성도들이 환난에 처해있으면서도 바울과 주님을 본받는 공동체가 되었다고 했습니다.
성령님의 충만하심으로 그렇게 되었다는 교훈을 받습니다.
자신을 신앙자로 지내기에 부족하지 않도록 하시는 성령님의 충만을 천양합니다. 자신과 자신이 처한 환경을 이겨내고, 하나님의 백성으로 지내게 하시는 성령님의 충만을 찬양합니다. 가르침을 받은 것에 감사하고, 주님을 본받게 하시는 성령님의 충만을 찬양합니다. 성령님께 충만한 기쁨으로 지내게 하시옵소서.
오늘, 저에게 신앙자의 삶을 더욱 단단하게 하시는 성령님을 사모하게 하시옵소서. 사탄은 종종 성령님께 주목하지 못하도록 저의 속사람을 흔들지라도, 붉은 줄을 달아매었던 라합처럼 성령님께 매달리게 하시옵소서. 성령님께 저의 소망을 둡니다.

예수님의 이름으로 기도드립니다. 아멘.

딛 2:7

범사에 네 자신이

선한 일의 본을 보이며

교훈에 부패하지

아니함과 단정함과

Calligraphy design by Butnori

65. 선한 일의 본을 보이며

하나님 아버지,
자기 백성에게 선을 행함으로써 지상에서 하나님의 나라를 확장시켜 가신다고 깨닫습니다. 성도는 성령님의 충만하심에 순종하여 선함의 본이 되어야 하는 줄로 믿습니다. 그 본을 통해서 개인적으로, 사회적으로 하나님을 영화롭게 해드린다고 여깁니다.
로마 가톨릭교회가 심히 부패하여 마틴 루터에게 개혁을 일으키도록 하셨다고 생각합니다. 루터는 당시에 가톨릭교회의 내부에도 영향을 미쳐 그들 스스로 정화운동을 벌이지 않았습니까! 하나님 앞에서 아름다움이 일어나는 비전을 갖게 하시옵소서.
성령님의 충만하심으로 말미암는 선한 일은 하나님께서 원하신다고 확신합니다. 성령님께 동행하기를 사모하게 하시고, 강권하실 때마다 순종하게 하시옵소서. 그때, 주위의 사람이나 교회로부터 주목을 받고, 널리 퍼뜨려진다고 여깁니다.
"선한 일의 본을 보이며," 오늘 이 문장으로 한 날을 지내게 하시옵소서. 하나님께나 사람에게 과연 선한 것이었다고 칭찬을 받으며, 누구라도 그리하고 싶어 하는 행실에 헌신하게 하시옵소서. 생각으로 그치고 접어둘 것이 아니라 몸을 드려서 실천하게 하시옵소서.

예수님의 이름으로 기도드립니다. 아멘.

요 8:34

예수께서 대답하시되
진실로 진실로 너희에게
이르노니 죄를 범하는
자마다 죄의 종이라

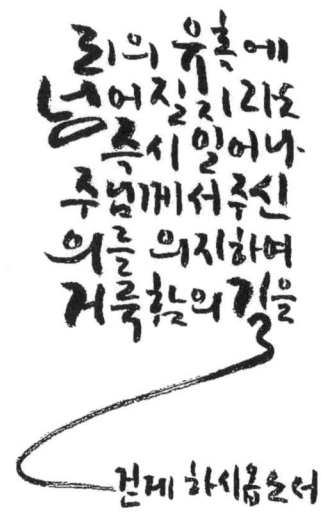

Calligraphy design by Butnori

66. 죄를 거절하라

하나님 아버지,
만일, 자신의 몸에서 질병이 발견된다면 질병을 몰아내려고 신경을 집중해서 온 몸을 드린다고 깨닫습니다. 자신이 의식을 하지 못하고 죄를 졌다면 죄악을 떨쳐내려 해야 하는 줄로 믿습니다. 죄가 있는 상태에서 거룩함에 이를 수 없으니까요.
성도가 죄를 지으면 죄의 종이라는 주님의 말씀에 주목합니다. 죄성의 지배를 받고, 죄의 형벌의 두려움 속에서 살아가기 때문이지요. 그러니, 죄의 유혹에 넘어질지라도 즉시 일어나 주님께서 주신 의를 의지하며, 거룩함의 길을 걷게 하시옵소서.
성령님의 충만하심은 죄에서 나오게 하신다고 믿습니다. 성도에게 의가 되어 주신 주님을 믿는 자마다 죄 사함과 의롭다 하심에 이를 것을 확신합니다. 죄의 법적인 책임과 죄의 형벌로부터 자유함을 얻음을 깨닫습니다.
이제, 저 스스로에게 결단하여 다시는 죄 가운데에서 머뭇거리지 않고, 죄와 상관이 없이 지내도록 이끌어 주시옵소서. 성령님의 충만은 저를 죄로부터 단절시켜 주실 것입니다. 성령님께서 강권하시는 대로 마음과 생각, 행실을 따르게 하시옵소서. 그리하여 거룩함에 이르는 사람, 하나님께 자녀가 되게 하시옵소서.

        예수님의 이름으로 기도드립니다. 아멘

|
계 14:4(상)

이 사람들은 여자와 더불어

더럽히지 아니하고

순결한 자라 어린양이

어디로 인도하든지 따라가는 자며

오직
주님 한분만
바라며
섬기고
경배하는 삶에
만족하게
하시옵소서

Calligraphy design by Butnori

67. 어린양이 어디로 인도하든지

하나님 아버지,
'참 구원'을 경험한 성도는 다시 죄악 되고 멸망할 세상에 눈을 돌리지 않고, 그 세상을 사랑하지 않는다고 깨닫습니다. 주님의 보혈로 죄 사함을 받도록 해주신 그 은총을 찬양하며 지내는 줄로 믿습니다. 예수를 주님으로 섬기며 동행하기를 사모하지요.
비록 자신이 과거에 방탕하였을지라도, 다시는 여자로 묘사된 세상으로 돌아가지 않고, 세상적인 것들을 사랑하지도 않는다고 깨닫습니다.
성령님의 충만하심이 거룩한 것을 따르게 하고, 주님과 동행하는 시간을 즐거워하게 한다고 확신합니다. 오직 주님을 따르지요!
저에게도 그리 하셨음에 감사합니다. 구원받은 자가 되었다는 사실에 감격하고, 더러운 행실과 풍조를 버리게 하셨습니다. 이에, 오직 주님 한 분만 바라며, 경배하는 삶에 만족하게 하시옵소서.
제가 구속의 은혜를 받았다는 증거는 주님을 따름이라고 여깁니다. 구원을 받은 백성이 "어린양이 어디로 인도하든지 따라"갔듯이 저도 그들 무리에 들게 하시옵소서. 에녹이 하나님과 동행을 하며 생애를 살아갔듯이 저도 그러하기를 원합니다. 살아가고 있는 삶이 생명의 삶이 되어서 주님과 동행하게 하시옵소서.

       예수님의 이름으로 기도드립니다. 아멘.

요 10:27

내 양은 내 음성을 들으며

나는 그들을 알며

그들은 나를 따르느니라

성령님께서
저의 귀를 열어주셔서
주님의 음성을
듣게 하시옵소서

Calligraphy design by Butnori

68. 내 음성을 들으며

하나님 아버지,

사람은 자신이 듣는 것과 자신이 듣기를 원하는 것으로 그가 누구인지를 알게 된다고 깨닫습니다. 천국 백성에게 성령님의 충만함은 그 마음을 주님께로 이끌며, 주의 말씀을 들으려 하는 줄로 믿습니다. 주의 말씀이 자신에게 생명의 양식이기 때문입니다.
"내 양은 내 음성을 들으며." 자신을 성도라고 말해도, 그가 말씀을 사모하지 않으면 주님과 양의 관계에 들지 못한다고 생각합니다. 양은 자기를 사랑하는 목자를 따르지요. 목자가 들려주는 사랑의 음성, 또는 이리와 늑대 등을 피하도록 가르쳐 주는 음성이 양에게 보호가 된다고 여깁니다. 목자의 음성은 생명이지요.
성령님의 충만하심에서 경험된 것은 '주님께로 가까이'였습니다. 그러나 그것으로 성도의 삶을 살아가지는 못하겠지요. 주님의 음성을 들어야 한다고 깨닫습니다. 성령님께서 저의 귀를 열어 주셔서 주님의 음성을 듣게 하시옵소서. 성령 충만 = 주님의 음성! 때로는 고운 바람결처럼 들려오는 음성, 때로는 많은 물소리로 들려오는 음성을 듣게 하시옵소서. 귀를 모아 선한 목자의 음성을 듣도록 감동해 주시옵소서. 하나님의 뜻을 알려주시는 음성에 귀를 기울이고 그 음성을 듣는 양이 되어 지내게 하시옵소서.

예수님의 이름으로 기도드립니다. 아멘.

|

롬 12:11

부지런하여

게으르지 말고

열심을 품고

주를 섬기라

하나님을
경외하며
주님을
사랑하는
삶에
열심이기를
원합니다

Calligraphy design by Butnori

69. 열심을 품고 주를 섬김

하나님 아버지,
영적인 부지런함은 이미 임한 성령님의 충만을 유지하는 비결이라고 깨닫습니다. 하나님께서 부지런하셨고, 주님께서도 그러하셨던 것처럼 부지런해야 될 줄로 믿습니다. 천국 백성이 게으르다면 하나님의 나라를 이루지 못한다고 여깁니다.
성령님의 충만하심을 에너지로 받아 신령함을 지탱하는 삶에 게으르지 않기를 원합니다. 하나님을 경외하며, 주님을 사랑하는 삶에 열심이기를 원합니다. 게으름으로 자신을 사탄에게 내어주지 않고 부지런히 아버지의 뜻을 이루어드림이 마땅하지요.
오늘, 하나님의 자녀로서 해야 될 일들이 얼마나 많은지요!
성령님께서 음성으로 속삭여 주실 때, 곧 실천하는 습관을 갖게 하시옵소서. 성령님께서 마음을 강권하실 때, 자신을 드려 순종하는 습관에서 거룩함이 길러진다고 깨닫습니다. 성령님의 충만하심에 민감하여서 의에 이르게 하시옵소서.
'부지런함', 오늘 종일 마음에 두어야 될 낱말로 삼게 하시옵소서. 십자가의 군사가 되어 지내는 오늘이지요. 마귀가 우는 사자와 같이 노리고 있는데, 틈을 주지 않게 하시옵소서. 게을러서 영혼을 노략질 당하지 않게 하시옵소서. 열심을 내게 하시옵소서.

예수님의 이름으로 기도드립니다. 아멘.

빌 3:12(하)

오직 내가 그리스도 예수께

잡힌 바 된 그것을

잡으려고 달려가노라

성령님께
붙들려서 주님의 뜻이
성취되도록
달려가게
하시옵소서

Calligraphy design by Butnori

70. 그것을 잡으려고

하나님 아버지,

성령님의 충만하심으로 심령이 채워지면 천국 백성의 삶은 하나님의 나라를 위해서 유익하게 사용된다고 깨닫습니다. 하늘 아버지께서는 하늘에서 이루신 뜻을 이 땅에서 이루시려고 자기 백성에게 성령님으로 충만하게 하신다고 믿습니다.

이로써 택함을 받은 성도는 성령님의 충만하심에서 자신이 누구인가를 깨닫게 되며, 하나님의 뜻대로 자신이 쓰여 지기를 원하는 의탁을 하게 되는 줄로 여깁니다. 성도에게 소원을 주셔서 열매 맺기를 원하도록 하신다고 확신합니다.

이제, 하나님께서는 자기 백성을 통해서 역사하시고, 자기 백성을 통해 하나님의 뜻을 세상에 나타내시는 줄로 믿습니다. 하나님의 도구로 사용되는 영광에 자신을 드리니 감사합니다. 성령님께 충만하지 않았을 때는 전혀 경험해보지 못했던 신비함이지요.

- 제가 주 안에 있음을 확인하고, 세상에 선포하도록 하십니다.
- 주님께서 저에게 동행해 주심을 세상이 알도록 하십니다.
- 제가 전에는 알지도 못했던 성령님의 열매를 맺도록 하십니다.

오오, 성령님의 충만하심이 더 풍성하기를 기도합니다. 성령님께 붙들려서 주님의 뜻이 성취되도록 달려가게 하시옵소서.

예수님의 이름으로 기도드립니다. 아멘.

한치호 목사의 다른 책들

요절묵상 말씀기도 구약5, 2024
요절묵상 말씀기도 구약1~ 4, 2023
주기도문으로 기도합니다. 2022
십자가의 길 70일, 2022
심령의 부흥, 읽는기도 91일, 2022
교회를 위한 읽는기도 91일, 2021
교회정착, 새신자 100일 기도문, 2020
헌신 · 절기 · 행사 대표기도문 77, 2019
기도, 처음인데 어떻게 하나요, 2019
잠언으로 자녀를 축복하는 읽는기도1, 2016
대심방 능력기도문, 2016
추모 · 장례 설교와 기도문, 2015
가족을 축복하는 읽는기도 100일, 2015
정시기도 - 읽는기도, 2014
능력기도 예배 대표기도문, 2013

성령님께 충만 읽는기도 70일

1판 인쇄일_ 2024년 2월 20일
1쇄 발행일_ 2024년 2월 27일

지은이_ 한치호
펴낸이_ 한치호
펴낸곳_ 종려가지
등록_ 제311 - 2014000013호(2014.3.21.)
주소_ 서울특별시 은평구 은평로14길 9 - 5
전화_ 02)359.9657
디자인 내지_구본일
디자인 표지_이순옥
제작대행_세줄기획(02.2265.3749)
영업대행_두돌비(02.964.6993)

ⓒ2024, 한치호

값 8,000원

ISBN 979-11-90968-79-9

문서사역에 대한 질문은 모바일 010. 3738. 5307로 해주십시오.